Qualitative Sozialforschung

Herausgegeben von
R. Bohnsack, Berlin, Deutschland
U. Flick, Berlin, Deutschland
Chr. Lüders, München, Deutschland
J. Reichertz, Essen, Deutschland

T0349782

Weitere Bände in dieser Reihe
http://www.springer.com/series/12481

Die Reihe Qualitative Sozialforschung
Praktiken – Methodologien – Anwendungsfelder

In den letzten Jahren hat vor allem bei jüngeren Sozialforscherinnen und Sozialforschern das Interesse an der Arbeit mit qualitativen Methoden einen erstaunlichen Zuwachs erfahren. Zugleich sind die Methoden und Verfahrensweisen erheblich ausdiff erenziert worden, so dass allgemein gehaltene Orientierungstexte kaum mehr in der Lage sind, über die unterschiedlichen Bereiche qualitativer Sozialforschung gleichermaßen fundiert zu informieren. Notwendig sind deshalb Einführungen von kompetenten, d. h. forschungspraktisch erfahrenen und zugleich methodologisch refl ektierten Autorinnen und Autoren.

Mit der Reihe soll Sozialforscherinnen und Sozialforschern die Möglichkeit eröff net werden, sich auf der Grundlage handlicher und überschaubarer Texte gezielt das für ihre eigene Forschungspraxis relevante Erfahrungs- und Hintergrundwissen über Verfahren, Probleme und Anwendungsfelder qualitativer Sozialforschung anzueignen.

Zwar werden auch grundlagentheoretische, methodologische und historische Hintergründe diskutiert und z. T. in eigenständigen Texten behandelt, im Vordergrund steht jedoch die Forschungspraxis mit ihren konkreten Arbeitsschritten im Bereich der Datenerhebung, der Auswertung, Interpretation und der Darstellung der Ergebnisse.

Herausgegeben von
Univ.-Prof. Dr. Ralf Bohnsack
Freie Universität Berlin, Deutschland

Prof. Dr. phil. Uwe Flick
Alice-Salomon-Hochschule Berlin
Deutschland

Dr. Christian Lüders
Deutsches Jugendinstitut
München, Deutschland

Prof. Dr. Jo Reichertz
Universität Duisburg-Essen
Essen, Deutschland

Alexander Bogner
Beate Littig
Wolfgang Menz

Interviews mit Experten

Eine praxisorientierte Einführung

 Springer VS

PD Dr. Alexander Bogner
Österreichische Akademie der
Wissenschaften, Wien
Österreich

Dr. Wolfgang Menz
Institut für Sozialwissenschaftliche
Forschung e.V., München
Deutschland

PD Dr. Beate Littig
Institut für Höhere Studien, Wien
Österreich

ISBN 978-3-531-19415-8   ISBN 978-3-531-19416-5 (eBook)
DOI 10.1007/978-3-531-19416-5

Die Deutsche Nationalbibliothek verzeichnet diese Publikation in der Deutschen National-
bibliografie; detaillierte bibliografische Daten sind im Internet über http://dnb.d-nb.de
abrufbar.

Springer VS
© Springer Fachmedien Wiesbaden 2014

Springer VS ist eine Marke von Springer DE. Springer DE ist Teil der Fachverlagsgruppe
Springer Science+Business Media
www.springer-vs.de

Inhaltsverzeichnis

Einleitung: Das Expertinneninterview – eine Methode qualitativer Sozialforschung

Dieses Buch versteht sich als praktische und weitgehend pragmatische Einführung in das Expertinneninterview.[1] Unser Ziel besteht darin, Studierenden sozial- und kulturwissenschaftlicher Fachrichtungen sowie all jenen, die sich in der Forschungspraxis mit Experteninterviews auseinandersetzen, ein gut strukturiertes und didaktisch orientiertes Lehrbuch für die Vorbereitung, Durchführung und Auswertung von Expertinneninterviews vorzulegen. Weitläufige methodologische Grundsatzdebatten werden daher vermieden.

Die eminente Bedeutung von Experteninterviews für die Forschungspraxis ist unumstritten. Es gibt in den sozialwissenschaftlichen Disziplinen – von der Pädagogik und Psychologie bis hin zu Politikwissenschaft und Soziologie – kaum einen Bereich, in dem nicht Experteninterviews zum Kernbestand alltäglicher Forschungsroutine gehören, sei es als eigenständige Erhebungsmethode oder im Rahmen explorativer oder ergänzender Erhebungen im Kontext unterschiedlicher (quantitativ oder qualitativ angelegter) Forschungsdesigns.

Mittlerweile widmen daher viele aktuelle Einführungs- und Nachschlagewerke dem Expertinneninterview mehr oder weniger angemessenen Platz (vgl. den Überblick in Bogner und Menz 2009a, S. 18 f.), und es liegen auch einige wenige Bände mit Überblicks- oder einführendem Charakter vor (vgl. Gläser und Laudel 2004; Mieg und Näf 2006, Bogner et al. 2009a, b). Was bislang jedoch fehlt, ist eine handliche, knapp gehaltene Darstellung des Experteninterviews, die den Leser oder die Leserin relativ rasch in die Lage versetzt, diese Methode für das eigene Projekt gewinnbringend einzusetzen.

Zu betonen bleibt, dass es in diesem Band um das Experteninterview als eine Methode der *qualitativen Sozialforschung* geht. Natürlich kann man Expertinnen auch mithilfe standardisierter Fragebögen interviewen, doch mit der Orientierung

---

[1] Im Sinne einer geschlechtersensiblen Schreibweise verwenden wir in unregelmäßiger Folge abwechselnd die männliche und weibliche Form.

A. Bogner et al., *Interviews mit Experten*, Qualitative Sozialforschung, DOI 10.1007/978-3-531-19416-5_1, © Springer Fachmedien Wiesbaden 2014

an Quantifizierung und Repräsentativität verlässt man den Bereich qualitativer Sozialforschung.

Wir werden im Folgenden eine Variante des Experteninterviews besonders starkmachen, die ihre Vorzüge im Bereich einer rekonstruktiven Sozialforschung hat. Bei diesen Experteninterviews geht es weniger um die Erhebung von Fakten, sondern vielmehr um die *Rekonstruktion subjektiver Deutungen und Interpretationen*. Diese Variante haben wir in früheren Arbeiten das „theoriegenerierende" Experteninterview genannt (Bogner und Menz 2009b). Eine zweite wichtige Funktion von Experteninterviews, auf die wir ebenfalls eingehen werden, ist die der *Informationsgewinnung* (vgl. Gläser und Laudel 2004).

Doch sollte man die Differenzierung zwischen den Formen des Expertinneninterviews nicht zu weit treiben. In methodisch-praktischer Hinsicht ergeben sich viele Überschneidungen. Wesentliche Schwerpunkte des Buches sind denn auch relevant sowohl für Experteninterviews, die zu Informationszwecken durchgeführt werden, wie auch für jene, in denen die Aussagen der Experten als Deutungen gelesen werden.

Ob das Experteninterview überhaupt zu den genuin qualitativen Verfahren zählt, ist im Übrigen eine alte Streitfrage, die wir gleich zu Beginn aufnehmen (1.1). Anschließend werden wir kurz zeigen, dass sich die gegenwärtige Konjunktur des Experteninterviews (im deutschsprachigen Raum) nicht zuletzt dem zunehmenden *empirischen* Interesse für Experten und Expertentum verdankt (1.2). Im Vergleich zum Eliteinterview ist das Experteninterview in der internationalen Methodendebatte weniger präsent – auch wenn es deutliche Tendenzen einer Aufwertung dieser Methode gibt (Bogner et al 2009b; Flick 2014, S. 227 ff.).Worin bestehen Gemeinsamkeiten und Unterschiede zwischen diesen beiden Verfahren (1.3)? Am Ende dieser Einleitung steht ein kurzer Überblick über die Gliederung dieses Bandes (1.4).

1.1   Experteninterviews – ein unübersichtliches Feld

In der Methodenliteratur besteht nach wie vor kein Konsens darüber, dass das Experteninterview zu den genuin qualitativen Verfahren zählt. Dafür gibt es eine Reihe von Gründen. Zunächst: Expertinneninterviews gelten oft als hemdsärmelig angewandte Instrumente zur schlichten Informationsgewinnung vom Typ „Quick and Dirty". In dieser Perspektive erscheint das Experteninterview als pragmatische Methode, die man vor allem aus forschungsökonomischen Gründen wählt. Die (plausible) Annahme lautet: Sofern die angefragten Experten „Kristallisationspunkte" relevanten Insiderwissens sind, ersparen sich die Forscherinnen mit diesen Interviews lange Wege. Außerdem versprechen sie eine Art Erfolgsgarantie: Die an

Interviews gewöhnten Experten lassen sich leicht mobilisieren, sie wissen viel und können sich gut artikulieren. In dieser Perspektive bleibt das Experteninterview allerdings auf ein „informatorisches Interview" (Lamnek 2005, S. 333) beschränkt.

Außerdem, zweitens, gilt das leitfadenbasierte Experteninterview vielen Vertretern qualitativer Methoden als zu sehr standardisiert. Die starke thematische Zentrierung und eine klar strukturierte Gesprächsführung, so die Annahme, bedeuten, dass Experteninterviews den üblichen qualitativen Idealen von Offenheit und Nicht-Beeinflussung des Interviewpartners häufig nicht entsprechen. Erschwerend kommt hinzu, dass manche Erhebungsformen, die sich unter das Experteninterview subsumieren lassen, klar standardisierte Züge aufweisen, wie beispielsweise die Delphi-Methode (vgl. Aichholzer 2009).

Nicht leichter wird die Sache dadurch, dass üblicherweise recht viel unter den Begriff des Expertinneninterviews gefasst wird. Das Spektrum reicht von quantitativ orientierten Verfahren über Konzeptualisierungen des Experten als eine Art von Informationslieferant (beispielsweise bei Vogel 1995, häufig auch in Lehrbüchern, z. B. Lamnek 2005) bis hin zu dem theoretisch anspruchsvollen, dezidiert qualitativ orientierten Ansatz von Meuser und Nagel (2005). Und auch wenn mittlerweile einige Versuche vorliegen, dem Experteninterview eine solide theoretisch-methodologische Fundierung zu verleihen (vgl. Pfadenhauer 2009; Gläser und Laudel 2004; Bogner und Menz 2009b), gilt wohl immer noch der Satz: *Das* Experteninterview gibt es nicht.

Wahr ist aber auch, dass die Debatte zum Experteninterview ausschließlich im qualitativen Paradigma angesiedelt ist. Nur in den qualitativen Methoden hat sich eine eigenständige, thematisch fokussierte Diskussion um dieses Verfahren entwickelt. Anders gesagt: Wenn man Bücher kauft, die irgendwo „Experteninterview" im Titel tragen, dann geht es prinzipiell um die Durchführung leitfadengestützter, qualitativer Interviews. Dennoch hat das Experteninterview noch nicht jene unverwechselbare Gestalt angenommen, die es zu einer kanonischen Methode innerhalb der qualitativen Sozialforschung machen würde, und zwar trotz (oder wegen?) der großen Bedeutung, die das Experteninterview für die Forschungspraxis hat. Das ist durchaus vorteilhaft, denn es nötigt dazu, das Instrument Experteninterview dem jeweiligen Forschungsvorhaben anzupassen.

1.2 Experten als Thema der empirischen Forschung

Methoden werden meist nicht abstrakt, sondern aus konkreten Forschungskontexten und -problemen heraus entwickelt. Das biographische Interview, um nur ein Beispiel zu nennen, konnte sich zu einem Zeitpunkt etablieren, als abstrakte, strukturalistische Ansätze an Reiz verloren hatten und sich das sozialwissenschaftliche Interesse verstärkt einer detailreichen Beforschung konkreter Lebenswelten zuwendete.

Ähnlich ist es beim Experteninterview: In der vorwiegend theoretisch geführten Technokratiedebatte der 1960er Jahre (Koch und Senghaas 1970) wurde unter anderem darüber spekuliert, ob sich mit den wissenschaftlich-technischen Experten eine neue herrschende Klasse herausbilden würde. Heute sind die Experten nicht mehr Gegenstand derart weitreichender, gesellschaftsdiagnostisch ansetzender Überlegungen. Vielmehr kommen die Experten in erster Linie als Objekte *empirischer* Forschung in den Fokus der Sozialwissenschaften (vgl. Bogner und Torgersen 2005). Das heißt: Experten werden nicht nur als abstrakte Funktionsinhaber und Träger bestimmter Herrschaftsstrukturen betrachtet, sondern als *konkrete soziale Akteure* mit spezifischen Handlungs- und Professionslogiken.

Experten sind für uns methodisch interessant, weil wir davon ausgehen, dass das Expertenwissen konstitutiv ist für das „Funktionieren" moderner Gesellschaften. Allerdings teilen wir die – maßgeblich in der Technokratiedebatte artikulierte – Erwartung nicht mehr, dass es vermittels fortschreitender Verwissenschaftlichung und Technisierung zu einer Art Expertenherrschaft kommen könnte. Stärker empirisch orientierte Beiträge aus der Wissenschaftssoziologie haben deutlich gemacht, dass das Expertenwissen keineswegs so eindeutig, einmütig und systematisch ist, wie wir uns das vielleicht oft vorstellen (vgl. Weingart 2003). Daher ist es auch nicht *per se* dem Laienwissen überlegen.

Diese Expertenkritik ist mittlerweile Allgemeingut geworden. In unserem Alltag müssen wir zwar in vielen Fällen den Experten vertrauen, ganz einfach weil wir keine Möglichkeit haben, die von ihnen erhobenen Wahrheitsansprüche zu kontrollieren oder die von ihnen konstruierten Verfahren und Apparate zu prüfen. Dass dieses Vertrauen jedoch kein blindes ist, zeigen all jene Situationen, in denen wir – teils unter großem Aufwand – eine zweite oder dritte Meinung einholen, etwa weil es um unsere Gesundheit geht (beim Arzt) oder um unser Geld (beim Autokauf). Das heißt, wir haben es mit einer paradoxen Situation zu tun: Einerseits gewinnt das Expertenwissen für unser Leben und Arbeiten immer mehr an Bedeutung; andererseits jedoch wird zugleich der Status der Experten relativiert. Gegenexperten erheben ihre Stimme, und das Wissen der Laien gewinnt an Relevanz (Beck 1986).

Man darf annehmen, dass die gesteigerte Bedeutung der Methode des Experteninterviews mit dieser nachhaltigen Entmystifizierung des Experten zusammenhängt. Zu einem Zeitpunkt, an dem die „natürliche" Autorität der Experten immer stärker untergraben wird, werden Experten als Gegenstand der empirischen Forschung zunehmend wichtiger – und damit auch das Experteninterview.

1.3 Experten- und Eliteninterview

Auch wenn es nachvollziehbare sozialwissenschaftliche Gründe für die gegenwärtige Konjunktur des Expertinneninterviews gibt – im englischsprachigen Raum ist das Experteninterview als distinkte Interviewform wenig präsent. Ganz anders verhält es sich mit dem Eliteninterview. Das Eliteninterview ist hier längst ein kanonischer Bestandteil des qualitativen Methodenspektrums (klassisch: Dexter 1970). Dies verweist auf die lange Tradition und hohe Bedeutung der Elitenforschung in den angelsächsischen Ländern, die durchaus kritische Akzente aufweist (klassisch: Mills 1956/1962).

Der Reiz dieser Elitenforschung verband sich – zumindest in den frühen Tagen – mit der Vorstellung, dass man die Meinungen und Interaktionen der Eliten kennen müsse, um verstehen zu können, wie die Gesellschaft funktioniert. Die empirische Forschung verfiel bald auf die Anwendung qualitativer Methoden, weil man annahm, dass standardisierte Interviews aufgrund ihrer restringierten Kommunikationsform für die Befragung der Elite nicht angemessen seien. Das Eliteninterview wurde damit zum Einfallstor für die Rezeption qualitativer Ansätze in der englischsprachigen Sozialforschung und bald schon zum Synonym für das qualitative Interview insgesamt (vgl. Littig 2009a).

Im deutschsprachigen Raum hingegen ist das Eliteninterview bisher nicht heimisch geworden. Der Terminus Eliteninterview kommt – mit wenigen Ausnahmen (z. B. Brandl und Klinger 2006) – nicht vor. Das liegt nicht zuletzt an der historisch begründeten Distanz zum Elitenbegriff, der die Ausprägung einer eigenständigen Forschungsrichtung unter dem Titel „Elitenforschung" verhinderte. Ursprünglich wurde der Begriff der Elite im 18. Jahrhundert vom aufstrebenden französischen Bürgertum als demokratischer Kampfbegriff gegen Adel und Klerus entwickelt. Die individuelle Leistung sollte über die gesellschaftliche Position der Einzelnen bestimmen, nicht ererbte Privilegien. Doch infolge der faschistischen Instrumentalisierung des Elitenbegriffs zur Legitimation des Führerprinzips verebbte der Elitendiskurs nach 1945. Erst seit den 1990er Jahren wurde der Elitenbegriff in Deutschland wieder salonfähig. Recht unbefangen ist nun wieder von Führungseliten, von Elitenförderung oder auch von Eliteuniversitäten die Rede (Hartmann 2004).

Worin bestehen nun Gemeinsamkeiten und Unterschiede zwischen den beiden Interviewformen? Littig (2008, 2009a) hat gezeigt, dass die Differenzen weniger groß sind, als man gemeinhin annehmen möchte. In beiden Fällen werden in der Methodenliteratur ähnliche Fragen debattiert: Probleme des Feldzugangs, die Spezifika der Interaktionssituation sowie Strategien der Gesprächsführung. Das heißt, auf der methodisch-praktischen Ebene gibt es viele Gemeinsamkeiten.

Die Unterschiede sind weniger augenfällig. Sie beziehen sich letztlich auf die unterschiedlichen Forschungs- und Theorietraditionen, denen die beiden Methoden entstammen. So ist die deutschsprachige Debatte zum Experteninterview sehr stark wissenssoziologisch geprägt. Damit geht auch eine tiefergehende Reflexion auf den Status der durch Interviews generierten Daten einher. Das heißt, kurz gesagt: Ob Äußerungen des Experten als Tatsache oder als subjektive Deutung verstanden werden, hängt vom Standpunkt des Interpreten ab und bezeichnet keine Eigenschaft des Expertenwissens. Man sieht: Aus dieser Tradition ergibt sich eine große Nähe zu konstruktivistischen Auffassungen über das Verhältnis von Wissen und sozialer Wirklichkeit. Demgegenüber dominieren in der englischsprachigen Debatte eher positivistische Ideale.

1.4   Gliederung des Buchs

Auch wenn die Methodendebatte zum Eliteninterview eine längere Tradition aufweist – die methodologische und methodische Diskussion um das Expertininterview gewinnt an Intensität. So haben die einschlägigen Fachzirkel mittlerweile wahrgenommen, dass es mehrere ernst zu nehmende Versuche gibt, die Methode des Expertinneninterviews theoretisch-methodologisch zu fundieren. Das heißt, es wird über die Spezifizierung des Expertenbegriffs sowie konkreter forschungspraktischer Herausforderungen (Feldzugang, Interaktion, Fragestrategie) daran gearbeitet, das Experteninterview zu einer eigenständigen qualitativen Methode zu entwickeln. Welche Aspekte des Experteninterviews werden nun in diesem Band behandelt?

Das nächste Kapitel ist der Fundamentalfrage nach der Definition des Experten gewidmet: Wer ist Experte? Und auf welche Weise lässt sich das Expertenwissen von anderen Wissensformen abgrenzen? (Kap. 2)

An die wissenssoziologische Debatte zum Expertentum schließt sich unmittelbar die Frage an, welche Konzeption des Expertenwissens mit welcher Form des Experteninterviews assoziiert ist. Konkret: Welche unterschiedlichen Formen des Expertenwissens lassen sich unterscheiden? (Kap. 3)

Nach diesen theoretischen Vorüberlegungen wechseln wir auf die methodisch-praktische Ebene. Die Einstiegsfrage lautet: Welche Schritte sind für die Vorbereitung eines Experteninterviews unabdingbar? Wie muss man vorgehen, um die Chancen für ein gelingendes Interview zu erhöhen? Wie geht man mit besonderen Herausforderungen – beispielsweise Zugangsproblemen oder der Durchführung von Interviews in anderen Sprachen – um? (Kap. 4)

Im Anschluss an diese Vorbereitungsphase geht es dann mitten hinein in die Interviewpraxis. Welche Gesprächsführung ist – je nach Forschungsziel und Funktion des Experteninterviews – die beste? Muss man, um einen Experten interviewen zu können, selbst Expertin auf diesem Gebiet sein? (Kap. 5)

Wenn wir die Aufnahme unseres Interviews „im Kasten", sprich aufgezeichnet haben, wollen wir vor allem eines wissen: Welche Auswertungsstrategien gibt es? Genauer gefragt: Welche Auswertungsverfahren bieten sich im Einzelfall an – je nach Form und Funktion des Experteninterviews im eigenen Forschungsdesign? (Kap. 6)

Den Band beschließt eine kurze Diskussion von Qualitätskriterien der Forschung. Zunächst: Welche forschungsethischen Aspekte haben wir zu berücksichtigen? Zweitens: Anhand welcher Gütekriterien können wir diese Erhebungsform beurteilen? Was unterscheidet gute von schlechter Expertenforschung? (Kap. 7)

Das Buch endet mit einem kurzen Ausblick auf zukünftige Entwicklungen des Experteninterviews.

Unsere Darstellung ist natürlich – neben methodologischen und methodischen Reflexionen – durch unsere eigenen Forschungserfahrungen geprägt. Dies wird nicht zuletzt an den von uns herangezogenen Beispielen insbesondere aus der Arbeits- und Organisationssoziologie sowie der Technik- und Wissenschaftsforschung deutlich. Gerade hinsichtlich der forschungspraktischen Orientierung dieses Büchleins und der didaktischen Aufbereitung konnten wir von einer Vielzahl von Seminaren und Workshops, die wir an Hochschulen, Graduiertenkollegs und Forschungsinstituten durchgeführt haben, profitieren. Allen Beteiligten – sowohl unseren Interviewpartnerinnen sowie den Teilnehmern an unseren Veranstaltungen – möchten wir an dieser Stelle herzlich danken.

Wer ist ein Experte? Wissenssoziologische Grundlagen des Expertinneninterviews

2

Wir möchten nun dem Begriff des Experten etwas genauer nachgehen. Dies ist keine bloße akademische Pflichtübung. Tatsächlich ist ja das Experteninterview zunächst – anders als andere Formen des qualitativen Interviews – nicht über eine bestimmte methodische Vorgehensweise definiert, so wie dies z. B. beim problemzentrierten Interview (Witzel und Reiter 2012), beim episodischen (Flick 2011b) oder beim narrativen Interview (Schütze 1983) der Fall ist. Das Experteninterview definiert sich vielmehr – jedenfalls der unmittelbaren Wortbedeutung nach – über den Gegenstand seines Interesses: den Experten. Diese Tatsache ruft immer wieder Kritik hervor. Kann sich eine Methode sinnvoll über den Kreis der Untersuchungspersonen bestimmen? Ein zentraler Einwand lautet: Es gebe schließlich ja auch nicht das „Beamteninterview" oder das „Hausfraueninterview" (Kassner und Wassermann 2005).

Im Folgenden wollen wir zeigen, dass derartige Einwände zu kurz greifen. Aber dazu ist es notwendig, in die soziologische Debatte um den Experten einzusteigen. Genauer gesagt: Erst über den Umweg der Wissenssoziologie wird deutlich, was unser eigentliches Erkenntnisinteresse ist, wenn wir Experteninterviews zum Zweck der Theorieentwicklung (also jenseits der bloßen Informationsbeschaffung) durchführen. Der wissenssoziologische Zugang schließt an unser Alltagsverständnis vom Experten an; gleichzeitig nimmt er wichtige Präzisierungen vor. Dies wird deutlich, wenn wir zunächst kurz resümieren, was gemeinhin unter „Experte" verstanden wird.

Im Begriff des Experten steckt die lateinische Sprachwurzel „expertus: erprobt, bewährt". Dieses „expertus" leitet sich von einem Verb her, das es nur in der Passivform gibt, nämlich „experiri: prüfen, ausprobieren". In Lexika werden Experten gewöhnlich als Sachverständige, Fachleute, Kenner charakterisiert. Der Experte ist jemand, so heißt es in der *Encyclopedia Britannica*, der sachkundig ist und über Spezialwissen verfügt.

A. Bogner et al., *Interviews mit Experten*, Qualitative Sozialforschung, DOI 10.1007/978-3-531-19416-5_2, © Springer Fachmedien Wiesbaden 2014

Als soziale Rolle etabliert sich der Experte erst im 19. Jahrhundert, im Zuge der Ausdifferenzierung der Gesellschaft (Stehr und Grundmann 2010). Im Zuge der fortschreitenden Industrialisierung entwickelt sich ein für Innovationen zuständiger gesellschaftlicher Teilbereich von Wissenschaft und Technik. Die in diesem – dem gesunden Menschenverstand und Alltagswissen nicht unmittelbar zugänglichen – Bereich Kundigen sind die Experten. Sie werden daher oft und noch bis in unsere Zeit als wissenschaftlich-technische Experten bezeichnet (vgl. etwa Bell 1979).

Expertenwissen und Expertise spielen inzwischen in (post-)modernen Gesellschaften eine zentrale Rolle, und zwar nicht nur in Technik und Wissenschaft, sondern in praktisch allen Bereichen des Lebens (Giddens 1991). Wir handeln in vielen Fällen nicht (mehr) intuitiv oder traditionsgeleitet, sondern auf Basis wissenschaftlicher Expertise – bei der Wahl des Studienorts genauso wie in Ernährungsfragen, bei Gesundheitsproblemen oder in der Kindererziehung. Diese Verwissenschaftlichung bzw. Wissensabhängigkeit vieler Lebens- und Arbeitsbereiche hat zur Plausibilität der Diagnose beigetragen, dass wir heute in einer Wissensgesellschaft leben (dazu im Überblick: Bogner 2012).

Die Wissenschaftssoziologie hat darauf hingewiesen, dass maßgebliche Expertise heute nicht mehr nur von der Wissenschaft, sondern praktisch in allen Bereichen der Gesellschaft produziert wird, in Think Tanks, NGOs, Unternehmen und Bürgerbewegungen (Nowotny et al. 2001). Die Ubiquität und Diversität von Expertise hat freilich nicht zur Präzisierung des Expertenbegriffs beigetragen, im Gegenteil. Das Anforderungsspektrum unserer technisierten Umwelten trägt vielmehr zum Eindruck bei, dass wir mittlerweile bereits alle auf irgendeine Art zu Experten geworden seien. Und nicht nur das: In dem Maße, in dem unsere Lebens- und Karrierewege immer weniger von Gewohnheiten und Traditionen abhängen und wir immer mehr als Planungsbüro unserer eigenen Biographie fungieren (Bröckling 2007), sind wir gezwungen, uns in vielen Dingen schlau zu machen, um keine Chancen zu verpassen.

2.1 Alle Menschen sind Experten?

Wenn also in modernen Gesellschaften jeder und jede Einzelne zwangsläufig zum Experten in eigener Sache geworden ist, sprich: in bestimmten Bereichen über Sonderwissen verfügt – sind dann nicht alle Menschen Experten? sind nicht alle Experten ihrer selbst?, wie es Schütze den Erzählern ihrer Biografie unterstellt (Schütze 1983). Es gibt innerhalb der Methodenliteratur namhafte Autoren, die einen solchen weitgefassten Expertenbegriff vertreten. Gläser und Laudel schreiben: „Experten sind Menschen, die ein besonderes Wissen über soziale Sachverhalte besitzen" (2004, S. 10). Ein solcher Expertenbegriff betont die Nivellierung des Gefälles zwischen Laien und Experten; in diesem Sinne ist er herrschaftskritisch. Allerdings besteht eine Gefahr darin, dass man weiterhin bestehende soziale Unterschiede zwischen Experten und Laien einfach per Begriffsdefinition einebnet.

Reale Ungleichheiten, die – trotz aller Demokratisierungstendenzen – eben doch nicht verschwunden sind (man denke an fortbestehende Hierarchien in Unternehmen oder Asymmetrien zwischen Ärzten und Patienten), können nicht einfach begrifflich geleugnet werden. Deswegen erscheint uns ein solcher Expertenbegriff nicht zielführend. In methodischer Hinsicht hätte er außerdem die unbefriedigende Konsequenz, dass man alle Formen qualitativer Interviews unter das Label „Experteninterview" subsumieren könnte oder müsste.

2.2   Der Experte – ein Konstrukt des Forschers?

In der Methodendebatte zum Experteninterview haben verschiedene Autoren darauf aufmerksam gemacht, dass der Experte – wenigstens bis zu einem gewissen Grad – das Konstrukt unseres Forschungsinteresses ist (Meuser und Nagel 2009; Pfadenhauer 2009). Das heißt: Experte-Sein ist keine personale Eigenschaft oder Fähigkeit, sondern eine Zuschreibung. Diese Zuschreibung findet in der Praxis statt, wenn wir aufgrund unseres spezifischen Forschungsinteresses bestimmte Menschen mittels unserer Interviewanfrage als Experten adressieren. Richtig daran ist natürlich, dass wir im Interview die gewählten Experten in der Tat dazu anregen, sich als Experte zu präsentieren und zu inszenieren (Pfadenhauer 2003).

Allerdings ist der Experte natürlich nicht ausschließlich ein Geschöpf von des Forschers Gnaden. Er kann nicht allein ein individuelles Konstrukt sein. Schließlich greifen wir bei der Expertenauswahl in der Regel auf Personen zurück, die gemeinhin als Experten gelten; wir rekurrieren also immer auch auf gesellschaftliche Konventionen. Im Regelfall gelten Experten als Personen, die in herausgehobenen sozialen Positionen und in solchen Kontexten handeln, die sie als Experten kenntlich machen; sie sitzen beispielsweise in einer Expertenkommission, einem Beratungsgremium, haben einen Professorentitel und Ähnliches mehr. Kurz gesagt: Experten sind Angehörige der „Funktionselite" (Meuser und Nagel 1994, S. 181). Allerdings: Würden wir uns in unserer Expertendefinition ausschließlich darauf verlassen, wer gegenwärtig als Experte gilt, bestünde offensichtlich die Gefahr, dass wir uns unkritisch auf geltende Konventionen verlassen.

Das heißt für uns: Wer der gesuchte Experte ist, definiert sich immer über das spezifische Forschungsinteresse und die soziale Repräsentativität des Experten gleichzeitig – der Experte ist ein Konstrukt des Forschers *und* der Gesellschaft.

Damit sind wir in unserer Begriffsdiskussion zwar schon ein Stück weit gekommen, jedoch noch lange nicht am Ende. Wir haben festgehalten, dass landläufige Expertendefinitionen auf das (besondere) Wissen der Expertinnen abheben, und sei es in kritischer Absicht („Alle Menschen sind Experten"). Benennen wir dies zunächst als den Wissensaspekt der Expertendefinition. Außerdem wurde deutlich, dass wir die gesuchten Expertinnen in herausgehobenen Positionen suchen werden und dass wir ihnen in der Regel ein hohes Maß an Prestige und Einfluss zuschreiben. Dies nennen wir den Machtaspekt des Expertentums. Das heißt, zwar sind bislang sowohl der Wissens- wie auch der Machtaspekt thematisiert worden – die Beziehung dieser beiden Aspekte ist im Hinblick auf eine konkrete Expertendefinition jedoch ziemlich unscharf geblieben. Deswegen gehen wir noch einmal genauer auf die Frage ein, worin die Besonderheit des Expertenwissens besteht und damit in die Wissenssoziologie zurück.

2.3   Was ist das Besondere am Expertenwissen?

Die frühe Wissenssoziologie hat auf die Struktur des Expertenwissens fokussiert. Betont wurde etwa, dass der Experte mit sicherem und eindeutigem Wissen handle, das ihm jederzeit kommunikativ und reflexiv verfügbar sei – im Gegensatz etwa zum Laien (Schütz 1972). Im Anschluss an Schütz wurde argumentiert, dass das Expertenwissen komplex integrierte Wissensbestände umfasse und außerdem konstitutiv auf einen professionellen Funktionskontext bezogen sei (Sprondel 1979). Beide Aspekte – sowohl die berufsförmige Verengung des Expertenbegriffs als auch die Annahme einer besonderen Reflexivität des Expertenwissens – wurden in der Folge kritisiert (Meuser und Nagel 1997). Zwecks Präzisierung des Expertenbegriffs verlegte man sich auf eine genauere Abgrenzung des Experten von seinen nahen Verwandten, etwa dem Spezialisten, dem Professionalisten oder dem Intellektuellen (Hitzler 1994). Das ist wissenssoziologisch aufschlussreich, führt aber für unsere Zwecke zu sehr ins Kleingedruckte, weil es in methodischer Hinsicht nicht mehr relevant wird. Schließlich reichen die analytischen Differenzierungen niemals aus, um daraus divergierende methodische Vorgehensweisen abzuleiten und unterschiedliche Typen qualitativer Interviews zu begründen.

Anders ist dies beim Begriff der Elite. Trotz aller Konvergenzen zwischen der Elite und dem Expertentum: Der Begriff der Elite stellt eine geeignete Kontrastfolie dar, um die Besonderheiten des Experten zu veranschaulichen – zumindest, sofern man den Einsichten der kritischen Eliteforschung folgt (im Überblick: Hartmann 2004). Diese hat gezeigt, dass die Reproduktion von Eliten einer Logik gehorcht, bei der weniger kognitive Aspekte im Mittelpunkt stehen, sondern vielmehr soziale

Aspekte: Über Zugehörigkeit zur Elite entscheiden Kontakte und Netzwerke, der Habitus, ein souveränes Auftreten und der richtige „Stallgeruch". Veranschaulichen lässt sich dies anhand der Zulassungsprozeduren für US-amerikanische Eliteuniversitäten. Die Zulassungskriterien, allen voran der Anspruch an „Leadership", begünstigen den Nachwuchs aus den „besseren Kreisen" (Hartmann 2004, S. 123 ff.). Kognitive Fähigkeiten hingegen werden für eine Differenzierung zwischen den Bewerbern kaum schlagend. Im Elitenbegriff spiegelt sich denn auch vor allem das Bewusstsein einer sozialen Privilegierung, die mit besonderen kognitiven Qualitäten recht wenig zu tun haben muss.

Der Expertenbegriff hat demgegenüber einen stärker meritokratischen Anstrich, steht hier doch – anders als bei der Elite – der Wissensaspekt im Vordergrund. Natürlich gibt es Überschneidungen, etwa weil Experten in herausgehobene Leitungspositionen berufen werden und damit zur Funktionselite gezählt werden können. Einschlägige Beispiele wären etwa die Spitzen der Verwaltung, die Mitglieder des Aufsichtsrats in Unternehmen oder die Rektoren von Eliteuniversitäten. In diesem Sinne ist die Funktionselite als eine Teilmenge der Experten zu verstehen. Das wiederum heißt nicht, dass „gewöhnliche" Experten über keine Machtpotenziale verfügen, im Gegenteil. Unseres Erachtens motiviert überhaupt erst die implizite oder explizite Annahme, dass Expertinnen qua ihres in einem Professionskontext relevanten Spezialwissens über Macht verfügen, zur Durchführung von Experteninterviews.

Mit anderen Worten: Wir interviewen Experten nicht allein deshalb, weil sie über ein bestimmtes Wissen verfügen. Von Interesse ist dieses Wissen vielmehr, sofern es in *besonderem Ausmaß praxiswirksam* wird. Wir befragen Experten, weil ihre Handlungsorientierungen, ihr Wissen und ihre Einschätzungen die Handlungsbedingungen anderer Akteure in entscheidender Weise (mit-) strukturieren. Das Expertenwissen, mit anderen Worten, erhält seine Bedeutung über seine soziale Wirkmächtigkeit.

Diese Überlegungen führen uns zu folgender Definition: *Experten lassen sich als Personen verstehen, die sich – ausgehend von einem spezifischen Praxis- oder Erfahrungswissen, das sich auf einen klar begrenzbaren Problemkreis bezieht – die Möglichkeit geschaffen haben, mit ihren Deutungen das konkrete Handlungsfeld sinnhaft und handlungsleitend für Andere zu strukturieren.* Dieser Aspekt klingt bereits in verschiedenen wissenssoziologischen Definitionsversuchen an: Experten verfügen über eine „institutionalisierte Kompetenz zur Konstruktion von Wirklichkeit" (Hitzler et al. 1994) bzw. sie sind in der Lage, „strukturell bedeutsame soziale Beziehungen" zu konstituieren (Sprondel 1979).

Unsere Ausgangsfrage „Was ist das Besondere am Expertenwissen?" lässt sich demnach folgendermaßen beantworten: Das Besondere am Expertenwissen besteht

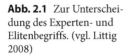

Abb. 2.1 Zur Unterscheidung des Experten- und Elitenbegriffs. (vgl. Littig 2008)

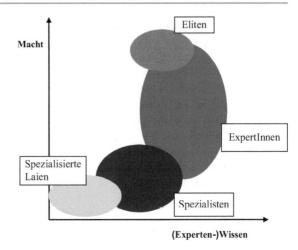

nicht nur in dessen besonderer Reflexivität, Kohärenz oder Gewissheit, sondern auch insbesondere darin, dass dieses Wissen in besonderer Weise praxiswirksam und damit orientierungs- und handlungsleitend für andere Akteure wird. Dieser Machtaspekt erstreckt sich im Übrigen nicht nur auf den „eigenen Betrieb" des Experten, also auf seinen engeren Berufskontext (etwa eine Forschungsabteilung, ein Beratungsgremium usw.). Die Macht des Experten kann sich auch als Einflussmöglichkeit in anderen, dem Berufskontext des Experten fremden Bereichen realisieren (z. B. in Form der Beeinflussung der Politik durch Expertise).

Unsere Definition des Experten zeichnet also den Experten als Personifikation einer charakteristischen Macht-Wissen-Konfiguration. Diese Konfiguration unterscheidet den Experten allerdings erheblich von Mitgliedern der Eliten, trotz aller Überschneidungsmöglichkeiten, die wir oben bereits erwähnt haben. Die Unterscheidung des Experten- und Elitenbegriffs lässt sich folgendermaßen veranschaulichen (s. Abb. 2.1).

Unser Diagramm versteht sich als ein (notwendiger, simplifizierender) Versuch, maßgebliche Differenzen zwischen Eliten, Expertinnen und Spezialisten anhand der beiden Dimensionen von Macht und Wissen abzubilden. Bei näherer Überlegung werden weitere Differenzen zu Tage treten, die aufgrund ihrer Komplexität nicht in ein einfaches Schema zu bringen sind. Um ein Beispiel zu geben: Der Experte ist – im Gegensatz zum Spezialisten – nicht allein durch Sonderwissen in Form fachspezifischer Kompetenzen charakterisiert, sondern durch seine Fähigkeit, Verbindungen zu anderen Wissensbeständen und Wissensformen herzustellen und die Relevanz des eigenen Wissens zu reflektieren (Hitzler 1994, S. 21 f.). Erst diese Fähigkeiten machen den Experten auch für Akteure außerhalb der eigenen Wissenskultur anschlussfähig und interessant. Meist sind es daher nicht die Experten mit dem größten Spezialwissen, die in leitenden Funktionen sitzen, sondern jene, die es trotz notwendiger Spezialisierung gelernt haben, über den sprichwörtlichen Tellerrand hinaus zu schauen. Verfügt der Experte qua Status und Position über außergewöhnliche Machtpotenziale, spricht man von Funktionselite. In der Abbildung ist dies durch die Teilmenge zwischen Experten und Eliten symbolisiert.

Schütze (1992) paraphrasierend kann man abschließend festhalten: Experten besitzen die Möglichkeit zur (zumindest partiellen) Durchsetzung ihrer Orientierungen. Experten zeichnen sich dadurch aus, dass sie maßgeblich bestimmen, aus welcher Perspektive und mithilfe welcher Begrifflichkeiten in der Gesellschaft über bestimmte Probleme nachgedacht wird. Genau diese Praxisrelevanz macht die Experten für viele empirische Forschungsprojekte und Forschungsfragen interessant.

Wissens- und Interviewformen – Varianten des Experteninterviews

Wie wir im vorangegangenen Kapitel gesehen haben, ist es nicht einfach ihr Verfügen über ein „besonderes Wissen", das das Interesse der Sozialwissenschaftler an den Experten erweckt. Vielmehr sind Expertinnen für unsere Untersuchungen deshalb relevant, weil sie in einer sozialen oder organisationalen Position stehen, in der sie ihr Wissen und ihre Deutungen für einen breiteren sozialen Kontext relevant oder prägend machen können.

Trotzdem: Allgemein gesprochen, dienen (nicht nur Experten-)Interviews immer dazu, „Wissen" der Befragten zu erheben. Wenn es keine Wissensunterschiede zwischen Befragten und Interviewern gäbe, wären Interviews weder sinnvoll noch überhaupt nötig. Zwar geht es nicht um die bloße Qualität des Wissens (überlegenes, besseres Wissen) – dennoch verfügen die Befragten über ein bestimmtes Wissen, und Ziel des Interviews ist es, an dieses Wissen zu gelangen. Was hier „Wissen" heißt, kann allerdings ganz Unterschiedliches sein (3.1). Je nach der – aus methodischen Gründen präferierten – Wissensform und je nach Stellung der Interviews im Forschungsdesign können wir verschiedene Formen von Experteninterviews unterscheiden (3.2).

3.1   Welches Wissen interessiert uns?

Die Unterscheidung von drei Wissensformen, die wir im Folgenden machen, ist primär methodisch motiviert: Auf welche Arten von Wissen zielen unsere Interviews? Welches Wissen interessiert uns? Und welche Erhebungsstrategien – etwa welche Frageformen im Interview – empfehlen sich für die verschiedenen Wissensformen? Auf letztere Frage werden wir später eingehen (Kap. 5.2.); zunächst einmal nehmen wir die Frage nach den unterschiedlichen Wissensformen auf.

Unter *technischem Wissen* verstehen wir Daten, Fakten, „sachdienliche Informationen", Tatsachen. Die Befragten verfügen über privilegierte Zugänge zu bestimmten Informationen, über die wir als Forscher nicht verfügen. Um an diese Informationen zu gelangen, führt kein Weg daran vorbei, ihn zu fragen. Dies kann einerseits typisches Fachwissen sein: Als medizinischer und biologischer Laie interessiere ich mich ihm Rahmen einer Studie über Bioethik, welche Funktionen und Eigenschaften eine embryonale Stammzelle besitzt. Ich lasse mir dies von einem Fachmann oder einer Fachfrau erläutern. Ich will also wissen, was Stammzellen *wirklich* sind oder können. Technisches Wissen können auch einfachere Fakten sein, die stärker auf bestimmte soziale oder organisationale Kontexte bezogen sind. Was steht genau in dem Dokument X oder Y? Wie viele Mitarbeiter hat ein bestimmtes Unternehmen?

Dieses Wissen ist grundsätzlich kodifizierbar, es kann z. B. schriftlich niederlegt werden. Technisches Wissen kann vom Träger des Wissens abstrahiert werden, es ist gewissermaßen personenunabhängig. Technisches Wissen ist Wissen über Dinge oder Zusammenhänge, von dem wir annehmen, dass es objektiv ist. Dies ist freilich eine Entscheidung oder Festlegung der Forscherin; ob die Aussage eines Experten eine Tatsache oder aber eine Deutung darstellt, lässt sich nicht an der Aussage selbst ablesen. Dies hängt vielmehr davon ab, wie wir sie lesen *wollen*. Im Fall des technischen Wissens konzeptualisieren wir den Experten als Überbringer von Informationen.

Die Stärke von Experteninterviews liegt, betrachtet man es methodisch genauer, nicht im Feld des technischen Wissens. Die Befragte könnte sich irren, nicht gut informiert sein, sich nicht auskennen usw. – sie ist eine potenzielle Fehlerquelle. Deshalb sollte man zur Erhebung von technischem Wissen möglichst nicht auf Interviews zurückgreifen, solange es alternative Formen der Datenerhebung gibt (z. B. die Analyse von Material, Statistiken, Dokumenten, Fachbüchern).

Andererseits können Experteninterviews, die auf technisches Wissen zielen, eine sinnvolle Abkürzungsstrategie sein: Die Informationen sind anderweitig schwer zu besorgen, oder ihre Beschaffung dauert zu lange, oder die Informationen sind in der gewünschten Form gar nicht zugänglich.

Das **Prozesswissen** umfasst Einsicht in Handlungsabläufe, Interaktionen, organisationale Konstellationen, Ereignisse usw., in die die Befragten involviert sind oder waren. Die Befragten haben aufgrund von Erfahrungen, aufgrund einer persönlichen Nähe zu Ereignissen ein bestimmtes Wissen. Prozesswissen ist also weniger Fachwissen im engeren Sinne, sondern eine Form des Erfahrungswissens. Dieses Wissen ist stärker standort- und personengebunden: Erfahrungen können nur von Personen gemacht werden, und daher kann dieses Wissen auch nur über die Personen erlangt werden (es sei denn, wir waren selbst beim Ereignis dabei, z. B. in Form von Beobachtungen, oder es gibt technische Aufzeichnungen davon).

Die dritte Wissensform schließlich, das **Deutungswissen**, beinhaltet die subjektiven Relevanzen, Sichtweisen, Interpretationen, Deutungen, Sinnentwürfe und

Erklärungsmuster der Expertinnen. Das Deutungswissen umfasst zugleich auch die normativen Dispositionen: Zielsetzungen, Bewertungen usw., es ist nicht nur „sachliches" Wissen. Bei dieser Wissensform gehen wir als sozialwissenschaftliche Beobachter *nicht* davon aus, dass es sich um einen „Wissensvorsprung" der Experten handelt; vielmehr geht es klar um die subjektive Perspektive der Befragten. Subjektiv heißt nicht automatisch individuell – die Deutungsperspektiven, die wir in einzelnen Interviews erheben, können durchaus kollektiv geteilt werden, z. B. innerhalb bestimmter Expertenkulturen oder Organisationen. Und häufig interessiert uns in unseren Erhebungen gerade diese geteilte, kollektive Dimension. Deutungswissen ist aber explizit perspektivisch und es wird als eine solche, von den Subjekten nicht abtrennbare Perspektive methodisch wahrgenommen. Deutungswissen ist immer an die subjektiven Träger gebunden, und es ist auch als eine in diesem Sinne „subjektive" Deutung interessant.

Auf den ersten Blick scheint der Charakter der Wissensform im Wissen selbst zu liegen und die Abgrenzung der Wissensformen recht eindeutig zu sein. Betrachten wir einige Beispiele:

Technisches Wissen: Wann wurde die Rahmenvereinbarung zwischen Fachbereich und Präsidium abgeschlossen? Wie funktioniert der Wankel-Motor?

Prozesswissen: Wie ist der Prozess der Einführung eines neuen Steuerungsverfahrens im Betrieb verlaufen? Welche Erfahrungen haben Sie in ihrem letzten Gespräch mit ihrem Arzt zum Thema Gesundheitsvorsorge gemacht?

Deutungswissen: Was für einen Krankheitsbegriff legen Ärzte in ihrer professionellen Praxis implizit zugrunde? Was für Vorstellungen eines gelungenen Arbeitsbündnisses zwischen Lehrenden und Studierenden sind für Professorinnen leitend?

Zunächst scheint die Unterscheidung der Wissensformen recht einfach. Betrachtet man die Beispiele näher, wird die Sache schwieriger. Im ersten Beispiel: Wenn wir einfach nur wissen möchten, an welchem Datum die Unterschrift unter ein Dokument gesetzt wurde, handelt es sich klar um ein Faktum. Unter einer schriftlichen Vereinbarung steht ein Datum, und dieses Datum würden wir gerne wissen, zum Beispiel weil uns die Vereinbarung nicht vorliegt. Es könnte uns aber auch allgemeiner interessieren, wie die Befragten vergangene Ereignisse interpretieren: Wann wurden – aus Sicht der Befragten – „Fakten geschaffen" in Form einer Absprache? Was erachten die Akteure im Feld als den relevanten Zeitpunkt, an dem eine nicht mehr revidierbare Vereinbarung bestand? Wann haben sie sich durch eine Absprache gebunden gesehen? Noch weiter gefasst: Was für Verbindlichkeitsvorstellungen oder Reziprozitätsannahmen liegen hinter den Vorstellungen einer Vereinbarung?

Bereits an diesem einfachen Beispiel wird deutlich: Mit welcher Art von Wissen wir es im Interview zu tun haben, lässt sich in der Regel nicht am Wissen selbst ablesen, sondern ist eine Frage der *Zuweisung durch die Forscherin*. Ob es sich um ein „Faktum" handelt, eine „Erfahrung" oder eine „Deutung", wird *methodisch*, nicht sachlich entschieden. Wir als Sozialwissenschaftlerinnen definieren bis zu einem gewissen Maß, ob uns die Faktizität von Daten oder Prozessen interessiert und/ oder ob wir Deutungen erheben möchten – dies können wir mit dem gleichen empirischen Material tun.

Um diesen Sachverhalt zu illustrieren, stellen wir zwei konstruierte Beispiele einander gegenüber – eines aus dem Bereich polizeilicher Ermittlungen, eines aus der Sozialforschung:

Im ersten Fall sind wir Ermittler beim FBI und wollen wissen, was am 11. September 2001 in New York passierte. Wir sind an Fakten interessiert. Wir befragen Augenzeugen danach, was sie beobachtet haben. Wir werden als Ermittler unterschiedliche Leute einbeziehen und weitere Quellen nutzen, um möglichst objektiv zu bestimmen, was dort passiert ist. Wir müssen dann unterscheiden, was richtig und falsch ist, was objektiv ist und was eine Verzerrung ist, ob sich jemand geirrt hat, in der Wahrnehmung getäuscht hat oder Ähnliches.

Oder wir können als Sozialwissenschaftler eine Untersuchung über unterschiedliche Wahrnehmungsweisen der Anschläge machen. Beispielsweise können wir typisieren, in welcher Form verschiedene Gruppen von Augenzeugen die Anschläge wahrnehmen. Oder wir können untersuchen, wie sich solche Wahrnehmungsmuster im Zeitverlauf ändern, wenn wir etwa die Augenzeugen ein Jahr später noch einmal fragen. Hier geht es nicht darum, richtiges von falschem Wissen zu unterscheiden, sondern verschiedene Deutungen voneinander abzugrenzen. Deutungswissen ist gewissermaßen „*immer wahr*". Es ist vielleicht widersprüchlich, inkonsistent – aber es ist ein „soziales Faktum", das unabhängig von seinem Wirklichkeitsbezug sozialwissenschaftlich relevant ist.

Ein zweites Beispiel: Wir befragten leitende Manager, ob die Existenz von Betriebsräten und Mitbestimmung einen Einfluss auf den ökonomischen Erfolg des Unternehmens hat. Hält die Mehrheit der Befragten Mitbestimmung für ökonomisch schädlich, können wir versucht sein, dies für „bare Münze" zu nehmen und als Ergebnis unserer Forschung zu präsentieren – im Vertrauen darauf, dass die Befragten über besonders gutes ökonomisches Wissen und über große Erfahrung im praktischen Umgang mit Betriebsräten verfügen. In der Tat funktioniert ein großer Teil ökonomischer Trendforschungen nach diesem Prinzip. Wirtschaftsführer werden nach ihren Zukunftseinschätzungen gefragt, und daraus werden Prognosen über die tatsächliche wirtschaftliche Entwicklung abgeleitet. Die erhobenen Einschätzungen werden nicht als Deutung, sondern als Sachwissen interpretiert.

In den Sozialwissenschaften werden wir allerdings häufiger eine Interpretation auch von „Sachstandswissen" als spezifische subjektive Deutung vornehmen. Dann ist die Aussage eines Managers über die Schädlichkeit von Mitbestimmung nicht so sehr deshalb interessant, weil sie wahr ist im Sinne der richtigen Beschreibung eines bestehenden Kausalzusammenhangs. Vielmehr ist sie deshalb relevant, weil der befragte Manager sein praktisches Handeln an dieser Vorstellung orientiert, weil diese Deutung folgenreich für eine breitere soziale Praxis ist. Wenn er meint, Mitbestimmung wirke sich negativ auf das Geschäftsergebnis aus, dann wird er z. B. die Wahl von Betriebsräten verhindern wollen oder einen sozialpartnerschaftlichen Führungsstil eher ablehnen. Der befragte Manager ist – gemessen an unserer Definition (Kap. 2) – Experte, weil er über bestimmtes Wissen und bestimmte Deutungen verfügt, die in der Praxis auch für andere relevant sind, nicht aber deshalb, weil sein Wissen „richtiger" ist als das von anderen Personen.

Um es noch einmal zu wiederholen: Was ein „Fakt" ist und was eine „Deutung", muss aus der Forscherperspektive entschieden werden. Wir treffen in der Forschungspraxis in der Regel immer solche Unterscheidungen – häufig implizit. In jedem Forschungsprozess und in jedem Experteninterview werden immer alle drei Wissensformen eine Rolle spielen – obwohl eine davon oder mehrere besonders im Zentrum stehen. Auch wenn die Erhebung primär auf Deutungswissen abzielt, so nehmen wir zumindest bestimmte Kontextbedingungen, die wir erhoben haben, als Faktum: als etwas, das es in dieser Form einfach „gibt", das „tatsächlich" stattgefunden hat.

Standardfragen in Experteninterviews im Rahmen industriesoziologischer Betriebsfallstudien sind beispielsweise diejenige nach der Anzahl der Beschäftigten und nach dem Anteil männlicher und weiblicher Beschäftigter. Natürlich hat die Soziologie Geschlecht längst als ein soziales Konstrukt dechiffriert; Geschlecht ist kein biologisches Faktum, sondern eine gesellschaftliche Zuweisung oder – in unseren Begriffen – eine Deutung. Auch wenn der Forscher diese geschlechtersoziologische Position grundsätzlich teilt, wird er in einer Betriebsfallstudie deren Folgen ausblenden: Ihn interessiert in der Regel nicht, dass der befragte Experte entlang bestimmter Kategorien einen Differenzierungsprozess in „Männer" und „Frauen" vornimmt. Vielmehr nimmt er diesen Kategorisierungsprozess als gegeben, und ihn interessiert nur sein Ergebnis, das er als Faktum nimmt.

Als eine Form qualitativer Interviews liegt die Stärke von Experteninterviews im Bereich des Deutungswissens. Wenn wir wissen wollen, welches Datum „wirklich" unter dem Vertrag steht, dann besorgen wir uns besser den Vertrag, als dass wir jemanden befragen. Wen interessiert, wie der Wankel-Motor funktioniert, sollte womöglich besser ein Fachbuch lesen. Wenn wir wissen wollen, wie ein Prozess „wirklich" abgelaufen ist, dann beobachten man ihn am besten – mit ethnographischen Verfahren. In beiden Fällen unterstellen wir eine Objektivität der Fakten oder der Abläufe und die prinzipielle Möglichkeit ihrer Rekonstruktion.

Der methodische Rekurs von Expertenwissen als Deutungswissen hat einen unschätzbaren Vorteil: Nur in diesem Fall stellt sich nicht das Problem der „subjektiven Verzerrung". Das heißt nicht, dass Experteninterviews in der Praxis nicht auch für andere Wissensformen erfolgreich eingesetzt werden. Häufig besteht ein Problem darin, dass andere Methoden der Datengewinnung nicht zur Verfügung stehen. Das betrifft insbesondere Prozessabläufe:

- wenn sie in der Vergangenheit stattgefunden haben (und sich also nachträglich nicht mehr beobachten lassen)
- wenn die Prozesse zu komplex sind, so dass wir als Beobachterinnen nicht überall präsent sein können;
- wenn der Zugang zum Feld es nicht zulässt, etwa weil wir an der Veranstaltung/am Prozess nicht teilnehmen dürfen

In all diesen Fällen sind Expertinneninterviews zwecks Rekonstruktion von Prozessabläufen sinnvoll und notwendig. In der Praxis spielen häufig auch pragmatische Gründe einen Rolle: Beobachtungsverfahren sind forschungsökonomisch sehr aufwändig, Experteninterviews sind nicht selten die forschungspraktischere Alternative.

3.2 Unterschiedliche Formen von Experteninterviews

Innerhalb des Forschungsdesigns können Experteninterviews einen jeweils unterschiedlichen Stellenwert haben. Oft sind Experteninterviews nicht die einzige Erhebungsmethode in einer sozialwissenschaftlichen Untersuchung, und häufig sind sie nicht einmal die zentrale, sondern sie kommen in Verbindung mit anderen Instrumenten zum Einsatz. Sind Experteninterviews nicht das zentrale Erhebungsinstrument, übernehmen sie zumeist eine felderschließende, ergänzende Funktion. Solchen „explorativen" können wir „fundierende" Experteninterviews gegenüber stellen. Hier nimmt das Experteninterview eine zentrale Stellung im Forschungsdesign ein: Wichtige Erklärungen, Begründungen und Zusammenhänge des Forschungsvorhabens werden unter Rückgriff auf Experteninterviews wissenschaftlich erarbeitet.

Sowohl explorative als auch fundierende Experteninterviews können das erhobene Expertenwissen als sachliche Informationen oder als Deutungen interpretieren. Kreuzen wir beide Dimensionen erhalten wir also vier Varianten von Experteninterviews (Tab. 3.1).

Tab. 3.1 Varianten von Experteninterviews

	Explorative Experteninterviews	Fundierende Experteninterviews
Informatorische Experteninterviews	Experteninterview zur explorativen Datensammlung	Systematisierendes Experteninterview
Deutungswissensorientierte Experteninterviews	Experteninterview zur Exploration von Deutungen	Theoriegenerierendes Experteninterview

3.2.1 Explorative Experteninterviews

Das Ziel explorativer Experteninterviews besteht in einer ersten Orientierung im Feld, in einer Schärfung des wissenschaftlichen Problembewusstseins und in der Hypothesengenerierung. In dieser Funktion kommen Experteninterviews sehr häufig zum Einsatz – wahrscheinlich gar in der Mehrzahl sozialwissenschaftlicher Studien, häufig auch zu Beginn von quantitativen Untersuchungen. Auch wenn wir Experteninterviews selbst den qualitativen Methoden zurechnen können, so ist ihr Einsatz nicht auf rein qualitative Forschungsdesigns beschränkt.

Die Expertinnen können dabei selbst Teil des zu untersuchenden sozialen Handlungsfeldes sein und gewissermaßen zentrale Zielgruppe der Untersuchung. Oft jedoch werden Experten auch gezielt als komplementäre Informationsquelle über die eigentlich interessierende Zielgruppe genutzt. Zum Beispiel kann ich Drogenberaterinnen zur Situation von Drogennutzern in Frankfurt am Main befragen. Hier gehe ich gehe ich davon aus, dass die Beraterinnen relevantes Wissen (in diesem Fall vorwiegend technisches und Prozesswissen) darüber haben, was zur Vorbereitung für meine weiteren Interviews mit Drogennutzern, die im Zentrum meiner Studie stehen, wichtig ist. Die Expertinnen dienen in diesem Fall als Komplementärquelle. In einem anderen Forschungsdesign könnte ich Drogenberater zu ihrer eigenen Berufspraxis befragen, z. B. um etwas über professionelle Normen ihrer Berufsgruppe zu erfahren. Hier sind die Experten selbst der zentrale Forschungsgegenstand (entsprechend rückt hier das Deutungswissen in den Mittelpunkt).

Meuser und Nagel unterscheiden in diesem Zusammenhang zwischen *Betriebs-* und *Kontextwissen* von Experten (Meuser und Nagel 2005). Betriebswissen bezieht sich auf den eigenen Handlungszusammenhang der Experten, Kontextwissen ist Expertenwissen, das sich auf andere Felder bezieht, in denen die befragten Experten nicht selbst Akteure sind.

Explorative Experteninterviews sind häufig „informatorische Interviews": Sie zielen darauf, Informationen über das Umfeld unseres Untersuchungsbereichs zu sammeln. Uns interessiert also „technisches Wissen" oder „Prozesswissen", das wir als (vorläufige, erste) Fakten interpretieren.

Wir können aber explorative Interviews auch führen, um eine erste Orientierung über mögliche „Deutungen" der befragten Experten zu erlangen: Wir möchten also eruieren, welche unterschiedlichen Interpretationen, Handlungsmaximen, Vorstellungen usw. im Feld bestehen.

Über die inhaltliche Funktion hinaus kann das explorative Experteninterview weitere Aufgaben erfüllen. So kann es etwa dazu dienen, den *Feldzugang* herzustellen und Kontakte zu den „eigentlichen" Befragungspersonen zu erhalten (zum Beispiel knüpfen wir Kontakt zu den Drogennutzerinnen über die Drogenberater als Experten). Dann steht gar nicht die *inhaltliche* Funktion im Vordergrund (möglicherweise werte ich die Interviews gar nicht sonderlich intensiv aus), sondern eine *organisatorische*. Gerade in Organisationen kommt es gar nicht so selten vor, dass wir bestimmte Experten befragen „müssen", um ihre Relevanz für unsere Untersuchung herauszustreichen und weil wir ihre Gatekeeper-Funktion nicht umgehen können.

Explorative Experteninterviews werden in der Regel möglichst offen geführt. Es geht uns nicht darum, bestimmte Informationslücken gezielt zu schließen, sondern wir möchten zunächst einmal eine breite Palette von Informationen und Wissen erhalten, um uns zu orientieren, um weitere Zugänge zu erhalten usw. Auf Vergleichbarkeit, Vollständigkeit und Standardisierbarkeit der Daten wird in diesem Fall wenig Wert gelegt. Ziel ist eine allgemeine Sondierung im empirischen Feld.

3.2.2 Das systematisierende Experteninterview

Das Erkenntnisziel systematisierender Experteninterviews liegt in der möglichst weitgehenden und umfassenden Erhebung des Sachwissens der Experten bezüglich des Forschungsthemas. Das Interview dient der systematischen Informationsgewinnung, und die Funktion des Experten liegt darin, „Ratgeber" zu sein: Wir lernen direkt von den Experten, und zwar in umfassender, analytischer Weise. Dies kann sich sowohl auf technisches Wissen als auch auf Prozesswissen beziehen (wir deuten hier die Prozessbeschreibungen ebenfalls objektivistisch, nicht als ein subjektives Muster des Erlebens). In beiden Fällen geht es um Wissen, das den Befragungspersonen selbst jederzeit reflexiv verfügbar ist. Wir können also dieses Wissen mehr oder weniger direkt abfragen, und wir benötigen keine sonderlich ausgefeilten hermeneutischen Techniken, etwa, weil wir verdecktes Wissen ans Tageslicht befördern wollen.

Entsprechend erfolgt die Durchführung des Interviews mit einem relativ ausdifferenzierten Leitfaden, mit dem versucht wird, alle Lücken zu schließen, die im Informationsstand der Forscher bestehen. Für die Auswertung systematisierender

Expertinneninterviews sowie jener explorativen Interviews, die auf Informationsgewinnung abzielen, bietet sich die qualitative Inhaltsanalyse an (siehe Kap. 6.1).

3.2.3 Das theoriegenerierende Experteninterview

Im theoriegenerierenden Experteninterview steht die „subjektive Dimension" des Expertenwissens im Mittelpunkt: Handlungsorientierungen, implizite Entscheidungsmaximen, handlungsanleitende Wahrnehmungsmuster, Weltbilder, Routinen usw. Mit anderen Worten: Hier zielt unsere Erhebung auf das Deutungswissen der Befragten. Dieses Wissen muss nicht vollständig reflexiv verfügbar sein, auch implizites Wissen ist relevant. Es bedarf daher eines systematischen Interpretations- oder Rekonstruktionsprozesses in der Auswertung des Materials. Hier bietet sich der Rückgriff auf Kodierverfahren an (siehe Kap. 6.2).

In den theoriegenerierenden Experteninterviews wird der Experte in der Regel als Vertreter einer bestimmten Gruppe angesprochen und somit nicht als „ganze Person", z. B. als Funktionsträger, etwa als Mitglied der Universitätsverwaltung, als Manager, als Arzt usw. Gleichwohl interessiert uns, wenn wir Deutungswissen erheben wollen, nicht nur im engeren Sinne „Fachwissen", sondern eben all jenes Wissen, das für den professionellen Handlungsrahmen, für den wir uns interessieren, relevant ist: Das können gerade auch Alltagsweisheiten, Bauernregeln usw. sein. Das heißt, dass uns beispielsweise auch Exkurse über das Privatleben der Befragten interessieren können, wenn hier solche Relevanzen deutlich werden.

Das theoriegenerierende Experteninterview muss – im Gegensatz zu den beiden erstgenannten Formen – explizit den qualitativen Forschungsmethoden zugerechnet werden. „Theoriegenerierend" heißt es deshalb, weil es darauf abzielt, in analytischer und interpretativer Auseinandersetzung mit dem empirischen Material Zusammenhänge zu erarbeiten und Theorien zu entwickeln, beispielsweise über die interpretative Generalisierung einer Typologie. In dieser Hinsicht kann das theoriegenerierende Interview an die Methodologie der „Grounded Theory" anschließen (Glaser und Strauss 1998; Strauss 1998; Strauss und Corbin 1996; bezogen auf Experteninterviews vgl. Meuser und Nagel 2005).

Im Vergleich zum systematisierenden Experteninterview ist der Gesprächsleitfaden hier nicht ein engmaschiges Netz zur Informationsgewinnung; er ist in der Regel offener und lockerer, beinhaltet aber trotzdem eine gewisse thematische Strukturierung (siehe Kap. 4.1).

Der Zugang zu den Experten: die Vorbereitung der Erhebung

4

Nach unseren theoretischen Überlegungen zum Begriff des Experteninterviews und Expertenwissens wenden wir uns nun verstärkt forschungspraktischen Themen zu. Welche Vorarbeiten müssen wir erledigen, bevor wir uns in die konkrete Gesprächssituation begeben können? Interviews mit Experten und Expertinnen bedürfen der sorgfältigen Planung. Dazu gehört die gründliche Entwicklung eines Interviewleitfadens, der vor allem als Checkliste und Richtschnur des Interviews dient (4.1.). Zu den vorbereitenden Arbeiten gehört auch die nachvollziehbare Auswahl der zu befragenden Experten (das sogenannte Sampling) sowie die Kontaktaufnahme und Terminvereinbarung für das Interview (4.2). Insbesondere letzterer Aspekt ist nicht zu unterschätzen, geht es doch darum Personen, für die Zeitknappheit fast schon zum Professionshabitus gehört, von der Notwendigkeit eines wissenschaftlichen Interviews zu überzeugen. Bereits bei der Interviewplanung sollte zudem entschieden werden, wie die Sprachdaten dokumentiert werden (4.3). Besondere Herausforderungen beinhalten Experteninterviews, die fremdsprachlich geführt werden – hier ist besondere Sorgfalt bei der Vorbereitung der Gespräche angezeigt (4.4).

4.1 Leitfadenkonstruktion

Bei Experteninterviews im Rahmen der qualitativen Sozialforschung handelt es sich stets um teilstrukturierte Interviews, und zwar ganz unabhängig von ihrer Stellung im Forschungsprozess (als explorative, systematisierende oder theoriegenerierende Interviews). Zwecks Vorbereitung und Durchführung dieser Interviews werden daher Leitfäden entwickelt. Solche Leitfäden haben eine doppelte Funktion: Sie dienen der Strukturierung des Themenfeldes der Untersuchung sowie als konkretes Hilfsmittel in der Erhebungssituation. Leitfäden sind also bereits vor der Erhebung ein wichtiges Instrument im Forschungsprozess; zugleich übernehmen

A. Bogner et al., *Interviews mit Experten*, Qualitative Sozialforschung,
DOI 10.1007/978-3-531-19416-5_4, © Springer Fachmedien Wiesbaden 2014

sie in der Interviewsituation eine zentrale Orientierungsfunktion. Entsprechend sollte bei der Konzeption des Forschungsverlaufs der Leitfadenkonstruktion ausreichend Zeit eingeräumt werden.

Das Spektrum dessen, was unter „Leitfaden" verstanden wird, ist in der Literatur und Praxis qualitativer Sozialforschung recht breit. Es reicht von eher allgemein gehaltenen „topic guides" (Arthur und Nazroo 2003), in denen die Themen gesammelt und geordnet sind, die im Interview angesprochen werden sollen, bis hin zu teilstandardisierten Leitfäden, in denen bereits konkrete Frageformulierungen zu finden sind (z. B. Kaufmann 1999, S. 65 ff.). Entsprechend variiert auch die Länge der eingesetzten Leitfäden. Die Detaillierung des Leitfadens hängt außerdem vom persönlichen Forschungs- und Interview-Stil ab: Fühle ich mich sicherer, wenn ich im Bedarfsfall auf konkrete Formulierungen zurückgreifen kann? Oder engt mich ein zu detaillierter Leitfaden eher bei der Gesprächsführung ein?

Anders als in der quantitativen Sozialforschung, wo eine Standardisierung der Fragen (verstanden als „Reize", auf die der Befragte „reagiert") zwingend ist, müssen in qualitativen Interviews nicht in allen Gesprächen absolut identische Fragen gestellt werden, um eine Vergleichbarkeit zwischen den Interviews herzustellen. Wichtig ist es, die Befragten gleichermaßen „zum Reden zu bringen" hinsichtlich der forschungsrelevanten Fragestellungen – in welcher genauen Formulierung dies geschieht, kann und sollte je nach Gesprächspartner und Interaktionssituation durchaus variieren. Gleichwohl empfiehlt sich die Vorformulierung konkreter Fragen, auf die bei Bedarf in der Interviewsituation zurückgegriffen werden kann. Wichtig ist: Bei der Erhebung dient der Leitfaden in erster Linie als Gedächtnisstütze, nicht als „Redeskript", von dem der Interviewer eine Frage nach der anderen abliest. Befinden wir uns im konkreten Gespräch, hat der Leitfaden seine wichtigste Funktion bereits erfüllt: die inhaltliche und methodische Vorbereitung der Erhebung. Ist es dann endlich so weit, dass wir unseren Interviewpartnerinnen gegenüber sitzen, benötigen wir den Leitfaden häufig kaum noch, weil wir mit unseren Fragen bereits so gut vertraut sind, dass ein Nachlesen kaum mehr nötig ist (der Blick auf den Leitfaden dient dann vor allem der Kontrolle, ob wir auch keinen relevanten Themenaspekt vergessen haben). Der freie Umgang mit dem Leitfaden stellt sich spätestens nach wenigen Interviews ein.

Beginnen wir mit der Leitfadenkonstruktion vom Ende des Prozesses her: Wie sieht ein konkreter Leitfaden, also das Endprodukt der Leitfadenkonstruktion aus? Er besteht aus verschiedenen Themenblöcken – für ein typisches ein- bis zweistündiges Experteninterview etwa drei bis maximal acht. Zu jedem Themenblock sind jeweils ein bis drei Hauptfragen notiert, die als zentrale Gesprächsanreize zum jeweiligen Themenabschnitt dienen. Ergänzend kommen verschiedene abhängige Fragen hinzu, die der weiteren Detaillierung dienen (z. B. verschiedene Nachfragen zu Einzelaspekten des Themas, ergänzende Gesprächsanreize usw.; genauer zu verschiedenen Frageformen und Formulierungsweisen siehe Kap. 5.3). Die Hauptfragen sind in der Regel „Pflichtfragen", die in ähnlicher Weise in allen thematisch und personell gleich gelagerten Expertinneninterviews einer Untersuchung angewendet werden. Die ergänzenden Fragen behält der Interviewer zunächst „in der Hinterhand"; sie kommen dann zur Anwendung, wenn sie durch die Hauptfragen nicht bereits erschöpfend beantwortet worden sind.

Wenn man bedenkt, dass der Blick in den Leitfaden im Gespräch eher sporadisch erfolgt, sollte seine grafische Gestaltung eine schnelle Orientierung ermöglichen: eine klar ersichtliche Gliederung mit entsprechenden Überschriften, hervorgehobene Hauptfragen (z. B. durch Fettdruck oder größere Schrifttypen), nachgeordnete Nebenfragen (z. B. eingerückt oder kleiner gedruckt).

Gebräuchliche Leitfäden sind zwischen einer und sechs Seiten lang – nicht zuletzt in Abhängigkeit von den Sicherheitsbedürfnissen der Interviewer. Es wird häufig vor einer übertriebenen „Leitfadenbürokratie" bei qualitativen Interviews gewarnt (frühzeitig bereits Hopf 1978), und im Zweifel wird zu eher kürzeren als längeren Leitfäden geraten. Diese Hinweise sollten vor allem hinsichtlich der praktischen Anwendung und Handhabung sehr ernst genommen werden. Es kann nicht genug betont werden: Die vorformulierten Fragen, wie sie auf dem Leitfaden notiert sind, sind in ihrer Mehrheit eben nicht identisch mit den tatsächlich gestellten Fragen im realen Gespräch. Zumindest bei ausführlicheren Leitfäden (also dann, wenn ein unsicherer Interviewer „für alle Fälle" gerne eine konkret formulierte Frage in petto haben möchte), werden sich gerade unter den nachgeordneten Fragen viele finden, auf die gar nicht zurückgegriffen werden muss, weil sie sich bereits „erledigt" haben.[1] Andersherum werden im Gespräch spontan zusätzliche Nachfragen formuliert, die nicht auf dem Leitfaden zu finden sind – das ist häufig die Mehrzahl der „tatsächlichen" Fragen. Das heißt aber auch: Die konkrete Erhebungssituation lässt sich nie genau vorherplanen; das Interviewen bleibt immer auch eine „art of science" (Fontana und Frey 1998), also eine Art Kunstfertigkeit, die sich nie vollständig durch methodische Regeln vorbestimmen und erlernen lässt.

Vielfach ist auch die Chronologie der Fragen in der Realität eine andere als auf dem schriftlichen Leitfaden – und auch hier sollte man flexibel sein. Entwickelt sich das Gespräch in der Praxis gleichsam „natürlich" in Richtung einer Thematik, die zwar vorgesehen, aber zu einem anderen Zeitpunkt eingeplant war, sollte dieser Gesprächsrichtung nicht gegengesteuert werden. Vielmehr sollten die Themenblöcke so strukturiert sein, dass sie mehr oder weniger in sich abgeschlossen sind und

---

[1] Wenn alle auf dem Leitfaden notierten Fragen tatsächlich im Gespräch gestellt werden sollen, sind Leitfäden von maximal drei Seiten Länge realistisch.

als Gesprächsbausteine in der Reihenfolge verschoben werden können (das bedeutet aber keinesfalls, auf explizite thematische Steuerung im Gespräch zu verzichten, siehe Kap. 5.3).

Experteninterviews machen häufig eine personen- bzw. funktionsbezogene Anpassung der Leitfäden im Hinblick auf unsere Gesprächspartner notwendig. Zumeist unterscheiden sich unsere Befragten nach beruflicher Position, Disziplin oder Ausbildung in relevanter Weise, so dass wir unsere Fragen entsprechend überarbeiten müssen. Hier entwerfen wir üblicherweise einen allgemeineren Basisleitfaden, auf dessen Grundlage dann für das jeweils anstehende Gespräch speziellere Fassungen erstellt werden.

Dass sich die verwendeten Leitfäden unterscheiden, gilt umso mehr, wenn wir uns bei systematisierenden Interviews ein Gesamtbild unseres Forschungsfeldes auf Basis verschiedener „Informationsquellen" nach und nach zusammensetzen. Unser Kenntnisstand wächst hier mit jedem Gespräch, so dass wir bestimmte Fragen bereits geklärt haben, während andere hinzukommen. Der Leitfaden entwickelt sich auf diese Weise im Forschungsprozess kontinuierlich weiter. Nicht selten haben wir in Forschungsprojekten also genauso viele Leitfäden wie Interviewpartner.

Ist es angeraten, die Leitfäden vorher an die Befragten zu verschicken? Gerade bei theoriegenerierenden (also deutungswissensorientierten) Experteninterviews sind spontane Äußerungen, die die Befragten sich nicht zuvor zurecht gelegt haben, vorzuziehen. Denn hier geht es uns in der Regel um diejenigen Vorstellungen und Orientierungsmuster, die die Befragten in ihrer professionellen Praxis alltäglich zur Anwendung bringen, nicht um solche Wissensbestände, die sich die Experten extra für das Interview erarbeitet haben.

Anders liegen die Dinge bei den Interviews, die wir zu Informationszwecken führen wie z. B. das systematisierende Experteninterview. Gerade wenn wir auf die Erhebung von Detailinformationen abzielen, die die Befragten im Gespräch spontan vermutlich nicht präsent haben, kann das Zurechtlegen und Aufbereiten von Informationen vor dem eigentlichen Interview von Seiten der Befragten sinnvoll sein. Häufig ist aber davon auszugehen, dass die Expertinnen sich auf das Gespräch nicht vorbereiten müssen.

Manchmal, gerade bei Experten, die sich selber in ihrer Rolle als Befragte unsicher fühlen, kann ein Verschicken des Leitfadens zur Beruhigung der Interviewpartner und zum Aufbau von Vertrauen dienen: ‚Die wollen gar nichts Heikles wissen.' Zentraler Nachteil ist allerdings, dass es schwieriger ist, vom Leitfaden abzuweichen, wenn er bereits mehr oder weniger verbindlich den Befragten vorliegt. Bisweilen wünschen unsere Expertinnen explizit, dass wir ihnen den Leitfaden vor dem Gespräch zukommen lassen – ein Wunsch, den wir ihnen aus Gründen der Vertrauensbildung nur schwer abschlagen können.

Als Faustregel gilt also: Wir verschicken keine Leitfäden vor den Interviews, so lange es nicht gute Gründe dafür gibt: spezieller Informationsbedarf im systematisierenden Experteninterview, der eine Vorbereitung der Gesprächspartner nötig macht; die Herstellung von Vertrauen bei „heiklen" Interviewpartnern oder der nachdrücklich formulierte Wunsch unserer Experten. Liegen diese Gründe nicht vor, belassen wir es bei allgemeineren Hinweisen zu den Gesprächsthemen als Vorabsprache für das Interview.

Aber wie kommen wir überhaupt zu einem konkreten Leitfaden? Auch hier gilt: Allgemeingültige Regeln und Gebote, die gleichsam automatisch „funktionieren", also ein bombensicherer „Leitfaden zum Leitfaden" kann nicht versprochen werden – dafür sind die Forschungsthemen und Untersuchungsdesigns, in denen Expertinneninterviews angewandt werden, viel zu divers. Wir möchten hier aber einige allgemeine Hinweise zu Verfahrensschritten geben, die sich in unserer eigenen Forschungspraxis bewährt haben.

Zunächst einmal: In der qualitativen Sozialforschung gibt es den Schritt der Operationalisierung – also die Umsetzung einer Forschungsfragestellung in ein konkretes Erhebungsinstrument – genau genommen nicht. Der Weg führt nicht von der fertigen, aber überprüfungswürdigen Theorie über die Hypothese zum Verifizieren oder Falsifizieren durch die empirische Arbeit, so wie es das traditionelle Wissenschaftsideal naturwissenschaftlicher Prägung vorschreibt. Vielmehr erfolgt der zentrale Vermittlungsschritt zwischen Empirie und Theorie *nach* der Erhebung: durch die Theoriebildung auf Basis der erst empirischen und dann nach und nach immer stärker theoretischen Kategorien (Glaser und Strauss 1998).

Bestimmte Formulierungen von Anselm Strauss legen allerdings die Lesart nahe, dass Vorwissen unnütz, gar schädlich ist für offene Untersuchungsformen, wie sie typisch für qualitative Verfahren sind. Dem ist mehrfach widersprochen worden, und zwar aus unserer Sicht zu recht. Es ist ganz sicher eine Fiktion, anzunehmen, wir hätten überhaupt kein Wissen über das zu untersuchende Feld. In aller Regel haben wir uns bereits ausführlich mit dem Themengebiet beschäftigt, z. B. Exposees oder Forschungsanträge geschrieben. Selbst wenn wir uns nicht wissenschaftlich mit dem Thema befasst haben, dann haben wir trotzdem irgendein alltagsweltliches Vorwissen. Vor diesem Hintergrund Arbeitshypothesen zu formulieren, kann insbesondere deshalb sinnvoll sein, um sich die eigenen – häufig impliziten – Annahmen selbst deutlich zu machen, um also auch die eigenen Vorurteile kritisch zu reflektieren.

Hypothesenbildung darf aber nicht dazu führen, dass im Interview nur noch feststehende Hypothesen getestet werden und alles, was im Feld darauf hinweist, dass es noch ganz andere relevante Zusammenhänge als diejenigen gibt, die wir bereits vorher formuliert haben, auszublenden. Und: Die Forschung geht keinesfalls auf im Bestätigen oder Verwerfen von bereits entwickelten Hypothesen; vielmehr ist *ihre Entwicklung aus dem Material heraus und ihre empirische und theoretische Begründung* ein mindestens ebenso wichtiger Bestandteil.

Ein qualitatives Forschungsvorhaben verfügt bereits vor aller Empirie über eine thematische Fokussierung in Form einer Fragestellung, es handelt sich nicht um ein bloßes Untersuchungsfeld oder um bestimmte Gesprächspartner, die den Rahmen festlegen. Es geht im Experteninterview dann in erster Linie darum, Gesprächssituationen herzustellen, in denen die Befragten zu Schilderungen angeregt werden, in denen sie ihre Relevanzen und Einschätzungen entwickeln und offenlegen können – und zwar in Bezug zu bestimmten, in der Forschungsfragestellung konkretisierten Themen. Der Forschungsprozess ist allerdings so offen gestaltet, dass sich diese Fragestellung fortentwickeln und verändern kann.

Ziel des Interviews ist es, für die umrissene Fragestellung genügend Material zu generieren. Anhand dieses Materials können dann in der Auswertungsphase durchaus auch allfällige Arbeitshypothesen überprüft werden, die gegebenenfalls bereits vorher vorlagen; vor allem aber dient das Material dazu, Hypothesen zu entwickeln und Aussagen über Zusammenhänge sowie Theorien empirisch zu begründen. Berücksichtigt man diese Charakteristika qualitativer Sozialforschung, die nicht nur für Experteninterviews gelten, können wir sechs Schritte auf dem Weg zu einem Leitfaden unterscheiden:

4.1.1   Sammlung und Systematisierung

Zunächst werden sämtliche Forschungsfragen und -hypothesen, über die wir bereits verfügen (auf Basis von Vorüberlegungen, des Forschungsantrags, Masterarbeits- oder Dissertationsexposees, von Literaturauswertungen usw.), zusammengestellt, beispielsweise in Form eines Mindmappings. In mehreren Schritten sollten diese systematisiert und reduziert werden, um die Forschungsfragen zuspitzen zu können. Dies geschieht theoretisch angeleitet, z. B. unter Bezugnahme auf bestehende Erklärungsmodelle oder sozialwissenschaftliche Zeitdiagnosen. Im Ergebnis entsteht ein Gesamtkatalog von Fragen, die im Rahmen der empirischen Erhebungen untersucht werden sollen.

4.1.2   Methodenspezifizierung

Im zweiten Schritt wird geklärt, für welche Fragen welche Erhebungsinstrumente zum Einsatz kommen. Gerade bei „informatorischen Fragen" ist zu überlegen:

Gibt es verlässlichere Quellen als das Expertinneninterview? Welche Materialien könnten anstelle des Interviews herangezogen werden? Aber auch Fragen, die auf das „Deutungswissen" von Experten abzielen, müssen nicht zwangsläufig mithilfe von Experteninterviews untersucht werden. Gibt es hier geeignete andere Quellen (z. B. solche, die diskursanalytisch ausgewertet werden können?). Es werden also diejenigen Fragen aussortiert, für die Experteninterviews nicht das Mittel der Wahl sind. Zudem wird hier entschieden, für welche Formen des Experteninterviews wir uns entscheiden. In welchem Verhältnis stehen „Information" (Fakten, Prozesse) und „Theoriegenerierung" (vgl. Kap. 3)?

4.1.3 Gruppierung

Die ausgewählten Fragen werden nun sortiert und in größere Themenblöcke zusammengefasst. Für jeden Themenblock werden Oberbegriffe oder Leitfragen formuliert, denen wiederum abhängige Themen und Fragen zugeordnet werden. Wir befinden uns hier weiter auf der Ebene von Forschungsfragen.

4.1.4 Entwurf von Leitfadenfragen

An dieser Stelle erfolgt ein entscheidender Einschnitt: Es geht jetzt nicht mehr um die Erarbeitung von (mit Hilfe von Experteninterviews zu bearbeitenden) *Forschungs*fragen, sondern um die Formulierung von *Interview*fragen, also solchen Fragen, die dann auch im eigentlichen Erhebungsgespräch tatsächlich gestellt werden könnten. Das bedeutet keinesfalls einfach eine Übersetzung der Forschungsfragen in für die Interviewpraxis taugliche Fragen, also eine bloße sprachliche Reformulierung. Vielmehr geht es in Leitfaden und Interviewpraxis, wie gesagt, darum, Gesprächssituationen herzustellen, in denen wir Schilderungen und Erzählungen von Expertinnen hervorrufen, in denen sie Informationen preisgeben oder deutungsbasierte Aussagen und Bewertungen treffen, und zwar fokussiert auf definierte Themen, wie sie für die Forschungsfragestellung relevant sind. Wir regen also im Interview Bewertungen, Schilderungen, Erzählungen zu bestimmten Themen an – wir stellen den Befragten nicht einfach unsere Forschungsfrage (siehe dazu ausführlicher die Beispiele in Kap. 5.3)! Das „Scharnier" zwischen Forschungsfragen und Leitfaden- bzw. Interviewfragen ist der thematische Fokus, nicht die formulierte Frage. Die Logik der Forschungsfragen unterscheidet sich grundsätzlich von der Logik der Interviewfragen: Erstere sind formuliert in Hinblick auf theoretische

Annahmen und Überlegungen, letztere sind formuliert in Hinblick auf den Wissens- und Erfahrungshorizont der Befragten.[2]

4.1.5 Differenzierung von Fragetypen

Im nächsten Schritt differenzieren wir zwischen verschiedenen Leitfadenfragen. Welche Fragen eignen sich als Hauptfrage? Welche sind untergeordnet? Welche Nachfragen sind sinnvoll? Wie gruppieren wir die Fragen in einer (vorläufigen, im Interviewprozess revidierbaren) Reihenfolge? (Auch hierzu ausführlicher Kap. 5.3)

4.1.6 Pretest

Wenn es die Zugangsmöglichkeiten erlauben, sollten wir den Leitfaden einem Pretest unterziehen, bei dem wir die Funktionalität des Leitfadens reflektieren. Lässt sich der Leitfaden in der Praxis halbwegs umsetzen? Ist der geplante Zeitrahmen angemessen? Zudem empfiehlt es sich im Anschluss an das Interview den Leitfaden bzw. die Frageformulierung selbst zum Thema zu machen: Wie hat der Experte das Gespräch empfunden, welche Fragen hat er vermisst? Welche waren schwierig zu beantworten?[3]

4.2 Strategien des Feldzugangs: Sampling und Zugangsprobleme

4.2.1 Sampling

Das Sampling beim Interviewen von Expertinnen, also die (gezielte) Auswahl der zu befragenden Personen, orientiert sich in erster Linie an der (den) Forschungsfrage(n). Es gilt, gemäß der Frage(n) Personen zu finden, die als In-

---

[2] Gerade Experteninterviews verleiten zu einer Verwechslung von Forschungs- und Interviewfragen, weil unsere Befragungspersonen – gerade wenn sie Disziplinen entstammen, die dem professionellen Kontext der Interviewer nahe stehen – durchaus in der Lage sind, abstrakte Forschungsfragen zu beantworten oder selbst Theorien über ihre eigenen Deutungen zu formulieren. Die Abstrahierung und Theoretisierungsleistungen sind aber durch die Forscherinnen zu erbringen, nicht durch die Befragten – und zwar bei der Auswertung, nicht in der Interviewsituation.

[3] Vgl. für den ‚Weg zum Leitfaden‘ auch die sehr hilfreichen Hinweise in Helfferich (2011, S. 182–189). Allerdings wird hier nicht systematisch zwischen Forschungs- und Interviewfragen unterschieden, was aus unserer Sicht problematisch ist.

formanten über den gewählten Forschungsgegenstand Auskünfte erteilen können bzw. deren themenrelevante Deutungen wir erheben wollen. Zumeist gibt es keinen klar abgegrenzten Experten-Pool, aus dem nach bestimmten Vorgaben (z. B. sozio-demografischen Merkmalen) auszuwählen wäre. Vielmehr ist der Expertenstatus ein zugeschriebener, der vom jeweiligen Forschungsfeld und -interesse abhängt. Unterstellt wird Expertinnen dabei ja nicht nur eine spezifische Expertise, sondern aufgrund ihrer Position auch Entscheidungs- und Durchsetzungskompetenz. Geht es also etwa um Personalentscheidungen in Unternehmen (z. B. Einstellungs- oder Entlassungspraktiken), werden Human Ressource Manager, Personalvorstände oder Geschäftsführer, aber evtl. auch Vertreter spezifischer Lobbygruppen (etwa Behindertenvertretungen) zu Experten erklärt werden. Geht es um das Zustande-kommen, die Aushandlungs- und Entscheidungsprozesse von bestimmten Geset-zen, werden die involvierten Beamten, Parteifunktionäre, Gutachter, ggf. Vertreter von Bürgerinitiativen usw. als ExpertInnen interviewt werden. Wer die adäquaten Interviewpartner im Rahmen eines Forschungsprojekts sind, ist im jeweils kon-kreten Fall zu entscheiden. Neben den Forschungsfragen spielen dabei auch for-schungspraktische Erwägungen eine Rolle, nicht zuletzt also finanzielle und zeitli-che Ressourcen. Weil aufgrund beschränkter Ressourcen Vollerhebungen oft nicht möglich sind, ist es notwendig, aus dem Expertenpool eine nachvollziehbare und begründete Auswahl zu treffen. Wenn es in einem Feld eine begrenzte Zahl von Experten gibt, sollte man möglichst alle befragen, auch deshalb, weil Experten oft miteinander vernetzt sind. Für die Reputation der Untersuchung ist es deshalb an-zuraten, möglichst alle relevanten Akteure in die Erhebung einzubeziehen. Gerade die Vernetzung kann Expertinnen dazu motivieren, sich an einer Befragung zu be-teiligen, weil sie auch ihre Sichtweise berücksichtigt sehen wollen.

Der erste Schritt des Samplings besteht darin, mittels Literaturanalyse, also z. B. anhand von Medienberichten oder durch Gespräche mit Informanten – d. h. Perso-nen, die mit dem Praxisfeld vertraut sind – zu eruieren, wer die relevanten Experten in einem Feld sind. Das Sampling setzt eine umfassende Auseinandersetzung mit dem Feld voraus, um keine wichtigen Personen auszulassen. Empfehlungen von Befragten können bei der Einschätzung der Wichtigkeit von bestimmten Personen hilfreich sein. Die Erweiterung dieses ursprünglichen Samples sollte im Verlauf der Interviewphase erfolgen, indem man am Ende des Interviews nach Empfehlungen fragt. Bei diesem „Schneeballverfahren" sollte jedenfalls sichergestellt werden, dass nicht nur Angehörige eines Netzwerks befragt werden. Deshalb sollte man auch direkt nach einflussreichen Gegenpositionen fragen. Dies unterstreicht die Bedeu-tung einer umfassenden Erfassung des Forschungsfeldes; andernfalls läuft man Ge-fahr, wichtige Positionen und Akteure zu übersehen.

In den Fällen, bei denen es um positionsgebundene Fragestellungen geht (z. B. um die Personalpolitik von Unternehmen verschiedener Branchen), steht das

„*theoretische Sampling*" (Strauss und Corbin 1996, Glaser und Strauss 1998) als etabliertes Auswahlverfahren qualitativer Sozialforschung zur Verfügung. Dabei findet das Sampling im Prozess der phasenhaft miteinander verschränkten Datenerhebung- und -auswertung statt:

„Theoretisches Sampling meint den auf die Generierung von Theorie zielenden Prozess der Datenerhebung, währenddessen der Forscher seine Daten parallel erhebt, kodiert und analysiert sowie darüber entscheidet, welche Daten als nächste erhoben werden sollen und wo sie zu finden sind. Dieser Prozess der Datenerhebung wird durch die im Entstehen begriffene – materiale oder formale – Theorie kontrolliert." (Glaser und Strauss 1998, S. 53).

Im Samplingprozess müssen also anhand des empirischen Materials und im Hinblick auf die Theoriegenerierung Kriterien erarbeitet werden, anhand derer die untersuchten Fälle sinnvollerweise miteinander verglichen werden können. Dies geschieht durch die Kontrastierung von Fällen im permanenten Vergleich, sei es durch maximale Kontrastierung möglichst ungleicher Fälle zur Entdeckung von (neuen) Kategorien oder durch die minimale Kontrastierung zur Konsolidierung von Befunden. Will man etwa die Implementation von Work-Life-Balance (WLB) in Unternehmen mittels Experteninterviews untersuchen, wird man mit Vertretern aus einem Unternehmen beginnen, von denen man in der Vorrecherche (z. B. Zeitungsmeldungen) schon herausgefunden hat, dass ihnen WLB als Managementstrategie besonders wichtig ist. Bei der ersten Auswertung wird sich vermutlich ein spezifisches Verständnis von WLB, etwa fokussiert auf die Vereinbarkeit von Beruf und Familie für Frauen und (genannte) Gründe für deren Förderung (z. B. in eine spezifische Unternehmenskultur, die Beschäftigtenstruktur, Branche) feststellen lassen. Für das weitere Sampling wird man nach einem Unternehmen suchen, das sich im Verständnis von WLB (etwa einem breiten Verständnis von WLB: Gesundheitsförderung, der Vereinbarkeit sowie Sabbaticalregelungen) deutlich vom ersten Fall unterscheidet. Auch hier lassen sich möglicherweise Zusammenhänge mit der Unternehmenskultur und der Mitarbeiterstruktur (als zentrale Kategorien) herstellen. Durch den Vergleich der beiden Fälle lassen sich (vorläufige) Besonderheiten der Fälle herausarbeiten, die dann durch das Kontrastieren mit einem weiteren Fall überprüft werden müssen. Entweder indem neue relevante Kategorien herausgearbeitet (z. B. die Stellung des Betriebsrats) oder bereits bestehende Kategorien bestätigt oder modifiziert werden (z. B. WLB als Maßnahme zur Reduktion der Fehlzeiten). Dieser Prozess wird solange fortgesetzt, bis keine neuen Kategorien mehr entdeckt werden und die verschiedenen Fälle etwa im Sinne einer Typologie anhand der relevanten Kategorien beschrieben werden können. In diesem Sinne dient das Sampling also primär der Theorieentwicklung; Es ist gleichsam ein Selbst-Korrekturverfahren für den analytischen Prozess. Theoretisches Sampling zielt deshalb darauf ab, möglichst detailliertes Datenmaterial zu generieren, die Kategorien weiter zu entwickeln sowie Variationen zwischen oder innerhalb der Kategorien zu entdecken (Charmaz und Belgrave 2012).

Beim theoretischen Sampling geht es nicht um Repräsentativität oder um eine Zufallsstichprobe, sondern um das Erfassen aller empirischen Varianten und Ausprägungen eines bestimmten Phänomens. Das Samplings endet, wenn eine „theoretische Sättigung" der zentralen Kategorien erreicht worden ist: „Sättigung heißt, dass keine zusätzlichen Daten mehr gefunden werden können, mit deren Hilfe der Soziologe weitere Eigenschaften der Kategorie entwickeln kann. Sobald er sieht, dass die Beispiele sich wiederholen, wird er davon ausgehen können, dass eine Kategorie gesättigt ist." (Glaser und Strauss 1998, S. 69)

Das theoretische Sampling ist vor allem für theoriegenerierende Expertinneninterviews bedeutsam. Dreht sich die Forschungsfrage etwa um das Zeitmanagement von bestimmten Expertengruppen oder – wie schon oben skizziert – um die Implementation von bestimmten strategischen Maßnahmenbündeln (WLB), bietet sich diese Art der Fallauswahl an. Denn diese ist der Logik der empirischen begründeten Theoriebildung verpflichtet und verzichtet weitgehend auf feldferne Vorentscheidungen.

4.2.2 Zugangsprobleme

Angehörige von Expertennetzwerken legen in der Regel großen Wert darauf, ihren höheren sozialen Status gegenüber Nicht-Angehörigen dieser Gruppen zu demonstrieren und zu erhalten. So gehört es zum Distinktionsrepertoire von exponierten Personen sich von Normalbürgerinnen oder Laien abzugrenzen, indem sie Zugangsbarrieren zu ihren Lebens- und Arbeitsbereichen errichten (Hertz und Imber 1995, S. viii). Hier ließe sich quasi als Regel formulieren: je höher der soziale Rang, umso schwieriger der Zugang. Dies gilt auch für (hochrangige) Experten, wie sie im vorliegenden Text definiert wurden (s. Kap. 2) Die Zugangsbarrieren können sich in Form von Sekretärinnen, persönlichen Assistentinnen und im Fall der wirtschaftlichen und politischen Topeliten in ganzen PR-Abteilungen personifizieren. Diese gilt es als erstes Hindernis gleichsam zu überwinden, indem der Forschende sie von der Sinnhaftigkeit und Notwendigkeit des Interviews mit dem avisierten Vorgesetzten überzeugt.

Zugangsbarrieren können sich aber auch in Form von Zeitknappheit manifestieren, die die hochrangigen Personen zu einer strikten Zeitplanung und somit Rangordnung von wichtigen und unwichtigen Terminen und Tätigkeiten nötigen (Brandl und Klinger 2006, S. 47). Wissenschaftliche Forschung rangiert dabei nicht immer ganz oben, und da sich Interviewtermine für viel gefragte Expertinnen durchaus häufen können, muss die Annahme von Interviewangeboten besonders selektiv durchgeführt werden (Imbusch 2003, S. 11 f.).

Parallel zu dieser Art von Abgrenzung pflegen (hochrangige) Experten Netzwerkkontakte zu Gleichgestellten. Sie zeichnen sich nach wie vor durch eine starke Tendenz zur sozialen Schließung und Homogenisierung aus, obwohl die Barrieren zu den Positionen mit hohem Sozialprestige inzwischen durchlässiger geworden sind (Hornbostel 2004, S. 12; Hartmann 2007). Gelingt es der Forschenden erst einmal Zugang zu finden, so können sich diese Netzwerke aber als reichhaltiges, wissenschaftliches Forschungsfeld erweisen.

Zur Bewältigung der Zugangsprobleme lassen sich in der Literatur zum Experteninterview) eine Reihe strategischer Ratschläge finden (Pfadenhauer 2009; Gläser und Laudel 2004). Sie setzen oftmals bei der Nutzung möglicher Motive der zu Befragenden für die Gesprächsanbahnung an. So verweisen Brandl und Klinger (2006) auf instrumentelle Interessen seitens dieser Adressatengruppe wie etwa die Hoffnung auf einen Zugewinn an nützlichen oder verwertbaren Informationen im Gespräch. Dieses Motiv kann genutzt werden, indem im Fall der Teilnahme am Interview, ein schneller Zugang zu den Ergebnissen in Aussicht gestellt wird. Instrumentell ist auch das Motiv des möglichen Imagegewinns aufgrund der Kooperation mit einer renommierten Forschungseinrichtung. Befragte können aber auch unabhängig vom Projektgegenstand an einer Interviewteilnahme interessiert sein. Psycho-soziale Motive, wie der Mangel an kompetenten Gesprächspartnern oder Einsamkeit können hier zum Tragen kommen. Darüber hinaus kann auch Altruismus ein Motiv zur Interviewteilnahme sein, z. B. mit der Absicht, Jungforschern bei ihren wissenschaftlichen Vorhaben zu unterstützen oder generell zum wissenschaftlichen Fortschritt beitragen zu wollen.

Zur Aufwertung des eigenen Status wird insbesondere Studierenden oder rangniedrigen Wissenschaftlern der gezielte Verweis auf die hervorragende Bedeutsamkeit des angestammten Forschungsinstituts, der forschungsfördernden Institution oder der supervidierenden Professorinnen empfohlen. Auch der Einsatz persönlicher Kontakte wird angeraten oder die Bezugnahme auf Gemeinsamkeiten mit den hochrangigen Befragten (z. B. Studium an der gleichen Universität, Herkunft aus der gleichen Stadt usw.). In bestimmten Fällen kann auch der direkte persönliche Kontakt nützlich sein, etwa der Besuch einer Konferenz oder Tagung, bei der die avisierten Experten zugegen sind. Dort können dann die berühmten Vernetzungsgespräche in den Pausen für die erste Kontaktaufnahme genutzt werden.

Da sich der Zugang zu Experten u. a. aufgrund von Zeitrestriktionen und einer generellen geringen Auskunftsbereitschaft als problematisch erweisen kann, ist eine sorgfältige Vorbereitung des Erstkontaktes mittels eines schriftlichen oder elektronischen Anschreibens und/oder eines Telefonats wichtig; dieser wird nicht selten mit dem Sekretariat der avisierten Expertin stattfinden. Um Expertinnen für ein Interview zu interessieren, sollten beim Erstkontakt in knappen Worten das Forschungsvorhaben, seine Wichtigkeit (ggf. Innovativität) und die große Bedeutung der Teilnahme der jeweiligen Experten an der Befragung erläutert werden (können). Die Interviewdauer sollte zwischen einer Stunde bis anderthalb Stunden veranschlagt werden. Diese Zahl kann allerdings feldspezifisch stark schwanken. Hat man beim Erstkontakt den Eindruck großer Zeitknappheit, ist es ratsam, zunächst nicht mehr als 45 min anzusetzen. Es kommt häufig vor, dass das Interview dann deutlich länger dauert. Sollte ein *face-to-face*-Termin nicht möglich sein, kann das Interview gegebenenfalls auch telefonisch geführt werden, wenn auch mit deutlichen Einschränkungen, was den Informationsgehalt und die Kontrollierbarkeit des Gesprächs angeht. Christmanns (2009) Bewertung telefonischer Experteninterviews fällt insgesamt skeptisch aus. Auch wenn mittels Telefoninterviews wichtige Informationen eruiert werden können, so überwiegen doch methodologische und methodische Bedenken. Weder sind telefonische Interviews terminlich leichter zu arrangieren, noch ist die exklusive Verbindlichkeit des Interviews gegeben: Ablenkungen, Unkonzentriertheit oder das Eintreten Dritter sind aufgrund des fehlenden Blickkontakts für den Interviewer nicht einschätzbar oder kontrollierbar. Die Reduktion der Interaktion auf Sprache erfordert einen erhöhten Interpretationsaufwand. Schließlich ist der Entfaltungsraum für die Befragten am Telefon deutlich kleiner, was bei Experteninterviews, die auf Informationsgewinnung abzielen, weniger ins Gewicht fallen dürfte als bei jenen, die im Sinne der rekonstruktiven Sozialforschung der Theoriebildung dienen sollen. In Summe erweisen sich Experteninterviews am Telefon als ein schwieriges und – sowohl für die Interviewten als auch für den Befragenden – mühevolles Unterfangen (vgl. auch Burke und Miller 2001).

4.3   Die Dokumentation der Daten

In welcher Form sind die Gespräche aufzuzeichnen und zu dokumentieren? Generell gilt als Faustregel: Es sollte so viel festgehalten werden, wie für die anzuwendende Auswertungsmethode notwendig ist. Aufzeichnung und Dokumentation sind kein Selbstzweck; es geht nicht darum, alle überhaupt nur verfügbaren Informationen und Daten möglichst umfassend zu sammeln, selbst wenn dies für die Interpretation keinen sinnvollen Ertrag bietet. Nicht nur eine Unter-, sondern auch eine Überdokumentation ist zu vermeiden, nicht zuletzt aus forschungsökonomischen Gründen. Allerdings ist zu bedenken, dass bei bestimmten Schritten der Interviewdokumentation Material unwiderruflich verloren ist, wenn sie nicht ausführlich genug erfolgt ist. Wird beispielsweise auf die Aufzeichnung des Gesprächs verzichtet, kann in der Regel später nicht auf Wortlaute des Gesprächs zurückgegriffen werden. Anders bei der Verschriftlichung: Hier kann ggfs. zunächst auch eine einfachere Form der Dokumentation gewählt werden (z. B. eine thematische, inhaltliche Zusammenfassung), und gegebenenfalls kann später nachgearbeitet werden (z. B. eine wörtliche Transkription).

Experteninterviews sollten in aller Regel in Form einer Tonaufnahme aufgezeichnet werden – nur dann, wenn die befragte Person dies ablehnt und keine gleichwertige Interviewpartnerin als Ersatz zur Verfügung steht, wird das Gespräch so gut wie möglich handschriftlich festgehalten. Dazu ist es sinnvoll, wenn von Seiten der Forschenden zwei Personen dabei sind: eine, die das Gespräch führt, und eine weitere, die sich vor allem auf die Mitschrift konzentriert. Ein gleichzeitiges Mitschreiben während der Gesprächsführung verschlechtert erfahrungsgemäß nicht nur die Detailliertheit der Dokumentation, sondern auch die Qualität der Fragen.

Die Zustimmung für die Tonaufnahme zu erhalten, ist in den allermeisten Fällen unproblematisch. Innerhalb der Expertenschaft gehört es häufig schon zum professionellen Habitus, dass man auch „für die Öffentlichkeit" formulieren kann, dass man zu seinen Aussagen steht usw., dass man also keine Schwierigkeiten mit einer Aufnahme hat. Das bedeutet allerdings nicht, dass die Aufnahme nicht das Interview beeinflusst. In der Regel ist das Vertrauen aber hoch, dass die Forscher mit den Aufnahmen verantwortungsvoll umgehen. Absichtlichen Missbrauch fürchtet in der Regel niemand, wohl aber, dass man durch mangelnde Anonymisierung der Befragte identifizierbar wird. Derartige Bedenken sind durch entsprechende Hinweise zum Umgang mit dem Material möglichst auszuräumen (siehe zur Problematik der Anonymisierung auch Kap. 7.1).

In einigen Beispielen gibt es aber doch Aufnahmeverweigerungen, etwa bei politisch sehr umstrittenen Themen und vor allem auch dann, wenn man in die Rollenerwartung des „Interviewers als Kritiker" gerät (siehe Kap. 5.1). In diesen Fällen bleibt keine andere Lösung, als mitzuschreiben und – in besonders heiklen Fällen – das Protokoll zur Freigabe absegnen zu lassen.

Digitale Medien sind heute für die Sprachaufzeichnung konkurrenzlos, MP3-Rekorder sind Standard in der Interviewpraxis. Hier gibt es allerdings große Unterschiede. Die Aufnahmegeräte für eine professionelle Interviewarbeit unterscheiden sich maßgeblich von Diktiergeräten, erst recht erst von herkömmlichen MP3-Playern, wie sie zum Musikhören verbreitet sind, aber auch von Geräten aus der journalistischen Arbeit oder zum Mitschneiden von Konzerten. Wichtig ist für sozialwissenschaftliche Experteninterviews vor allem die Qualität der Sprachaufnahme.

Dabei geht es um die akustische Verständlichkeit, nicht um die möglichst naturgetreue Wiedergabe der gesamten Stimmung im Feld, wie sie etwa bei Radio-Interviews wichtig ist, um eine möglichst hohe Authentizität zu erreichen (z. B. durch passende Hintergrundgeräusche).

Das Aufnahme-Equipment sollte zwar hochwertig, aber gleichzeitig schlicht gehalten sein, um weder den Interviewenden noch den Gesprächspartner von den Inhalten des Interviews abzulenken. Darüber hinaus reduziert dies die Fehleranfälligkeit, etwa durch falsche Bedienung. Wir empfehlen daher kleine Geräte mit eingebauten Mikrofonen. Die auf dem Markt angebotenen Apparate weisen mittlerweile eine so hohe Qualität auf, so dass sie selbst bei komplexeren Gesprächssituationen mit mehreren Gesprächspartnern gute Aufnahmen möglich machen, ohne zusätzliche Raummikrophone aufstellen zu müssen.[4]

Videoaufnahmen, wie sie bei manchen qualitativen Erhebungen zum Einsatz kommen, sind im Fall von Experteninterviews nicht zu empfehlen. Sie belasten die Gesprächssituation über Gebühr, und die Interpretation bei Experteninterviews erfolgt in der Regel nicht so detailliert, dass eine reine Sprachaufnahme nicht ausreichend wäre. Nicht selten präsentiert allerdings der befragte Experte im Gespräch zusätzliche Materialien: Organigramme, Broschüren, spontane Skizzen auf dem Flipchart usw. Soweit diese nicht mitgenommen werden können, ist die Möglichkeit der fotografischen Aufnahme zu überlegen (z. B. Abfotografieren des Flipcharts mit der Handy-Kamera).

Ist das Gespräch „im Kasten", stellt sich die Frage, wie mit dem Audio-Material umgegangen werden soll. Bei explorativen oder auch bei manchen systematisierenden Experteninterviews kann es ausreichen, anhand der Aufnahme Interviewprotokolle zu erstellen, die als Basis der weiteren Auswertung dienen. Dies ist immer dann der Fall, wenn es weniger um Deutungswissen und latente Sinnstrukturen der Expertenausführungen geht, sondern wenn Daten und Fakten im Vordergrund stehen. Hier ist nicht der konkrete Wortlaut, der noch einer weitergehenden Analyse unterzogen werden müsste, von Interesse, sondern der wenig interpretationsbedürftige manifeste Informationsgehalt. Das Interviewprotokoll besteht hier also im Wesentlichen aus inhaltsbezogenen Zusammenfassungen, die ggfs. bereits thematisch vorsortiert werden und nicht nach dem sequentiellen Ablauf des Gesprächsverlaufs protokolliert werden müssen.

Häufiger – insbesondere im Fall theoriegenerierender Experteninterviews – wird man sich für die vollständige Transkription, also die Verschriftlichung des aufgenommenen Materials entscheiden. Auch die Transkription beinhaltet einen

---

[4] Gute Testberichte und unabhängige Bewertungen (obwohl dort mittlerweile auch selbst Geräte vertrieben werden) sind auf der sehr empfehlenswerten Homepage von audiotranskription.de zu finden.

erheblichen Materialverlust: von der lebhaften, gesprochenen Sprache mit vielerlei Nuancen, Betonungen, einem spezifischen Sprachduktus usw. wird weitgehend zugunsten dessen abstrahiert, was schriftsprachlich protokollierbar ist. Ein wenig kompensiert werden kann dieser Datenverlust durch ergänzende Hinweise im Transkript. Auch hier gilt die genannte Regel: so detailliert wie nötig (nicht: wie *möglich*), entsprechend den Anforderungen der Interpretation und Auswertung. Dokumentiert werden sollten etwa: längere Pausen (die z. B. auf Nachdenklichkeit oder Irritationen des Befragten hinweisen können) oder besondere Betonungen, die für die Verständlichkeit der Passage notwendig sind, ebenso nonverbale Äußerungen wie z. B. Lachen. All dies wird in Klammern eingefügt.

Es geht aber nicht darum, jede hörbare Nuance der Audioaufnahme irgendwie in Schriftform zu bringen, solange dies für die Interpretation nicht nötig ist. So können Räuspern, Fülllaute („äh") und Ähnliches interpretationsrelevant sein, wenn sie aus dem üblichen Rahmen des Gesprächs fallen (z. B. ein rhetorisch versierter Vortrag wandelt sich bei einem bestimmten heiklen Thema zu pausendurchlöcherten, bruchstückhaften und unsicheren Ausführungen); die individuelle Sprachfärbung oder den persönlichen Duktus zu dokumentieren ist aber häufig nicht notwendig.[5]

Die gesprochene Sprache ist häufig grammatikalisch inkorrekt. Glättungen, die den Wortlaut verändern, sind grundsätzlich zu vermeiden. Wir empfehlen, die Transskripte in üblicher Schriftsprache auszuführen, nicht in lautorientierter Dialektsprache, aber gleichwohl wortgetreu zu bleiben. Das bedeutet beispielsweise, mundartliche Begriffe zu belassen und nicht ins Hochdeutsche zu übersetzen, aber typische Verkürzungen oder andere Dialektausprägungen (verschluckte Laute usw.) nicht zu dokumentieren. Gegebenenfalls können charakteristische Sprünge im Interview zwischen Dialekten und Sprachformen markiert werden, etwa, wenn die Befragte aus dem Hochdeutschen bei der Schilderung einer Anekdote plötzlich in ihre Mundart verfällt – womöglich kann dies als lebenswelt-nähere Aussagen im Kontrast zu einem abstrakten Expertenwissen interpretiert werden.

Transkribiert werden nicht nur die Antworten, sondern auch die Fragen.[6] Die Sprecher sollten unbedingt markiert werden, um Befragte und Interviewer auseinanderhalten zu können. Gleiches gilt bei mehreren Interviewpartnerinnen. Abgebrochene Sätze und Wörter (die häufig eine „Selbstkorrektur" der Befragten im Reden markieren) werden mittranskribiert.

---

[5] Für eine Übersicht über detailliertere, materialgetreuere Transkriptionsformen vgl. Przyborski und Wohlrab-Sahr 2008, S. 160 ff.; ausführlicher Dittmar 2009 sowie Dresing und Pehl 2013.

[6] Auf die üblichen gesprächsunterstützten Bestätigungslaute des Interviewers („mhm, mhm", „ahja,") kann aus Gründen der Lesbarkeit verzichtet werden.

Wichtige nonverbale Äußerungen werden in Klammern angefügt. Unverständliche Wörter oder Passagen sollten mit einer Zeitmarke versehen werden, um die entsprechenden Stellen ggfs. nachhören zu können. Gerade wenn die Transkription von einer Person übernommen wird, die nicht zum Forschungsteam im engeren Sinne gehört und selber keine Interviews führt und auswertet (z. B. einer Schreibkraft), kann zunächst Unverständliches nachträglich noch von der Forscherin entschlüsselt werden. Außerdem bietet es sich an, den Transskripteuren als Hilfestellung eine Liste von verwendeten Fachwörtern oder Namen zukommen zu lassen, um die Transkription zu erleichtern.

Üblich sind etwa folgende Markierungen im Transskript:

- (betont) oder gesperrter bzw. fetter Druck bei sprachlich betonten Passagen
- (lacht, holt tief Luft, schnaubt): wichtige nonverbale Äußerungen
- (10) Zahlen geben die ungefähre Sekundenanzahl von Pausen an
- (?Wort) nicht eindeutiges Wort, vermuteter Begriff wird angegeben, ggfs. ergänzt um Zeitangabe
- (13:12?): unverständliches Wort bei 13 min, 12 s auf der Aufnahme

An das Ende des Transskripts sollten auch die Post-Interview-Memos, wie sie nach Abschluss des Gesprächs angefertigt werden sollten (siehe Kap. 5.3), angehängt werden.

4.4 (Unterschätzte) Probleme der Fremdsprachigkeit und Translation

Fremdsprachigkeit ist ein vernachlässigtes Problem in der qualitativen Sozialforschung, dem erst seit kurzem mehr Aufmerksamkeit gewidmet wird (Kruse et al. 2012b; Littig und Pöchhacker 2014). Dies ist umso erstaunlicher als doch in den letzten Jahren die Internationalisierung von Forschung, insbesondere die vergleichende Forschung rasant voranschreitet und die länderübergreifende Migration und Fragen der Multi-Kulturalität zentrale Themen der Sozialwissenschaften geworden sind. Infolge dieser Entwicklungen sind Forscherinnen zunehmend mit methodischen Problemstellungen aufgrund von Mehrsprachigkeit konfrontiert: sei es weil sie Interviews durchführen, in denen die Beteiligten unterschiedliche Muttersprachen sprechen und/oder über mangelhafte Sprachkenntnisse in der einen beziehungsweise der anderen Sprache verfügen; sei es weil sie soziale Situationen teilnehmend beobachten wollen, in denen unterschiedliche Sprachen gesprochen werden; oder weil Dokumente analysiert werden sollen, die nur in einer Sprache vorliegen und gegebenenfalls übersetzt werden müssen.

Die generelle Marginalisierung von Sprachproblemen in der qualitativen Sozialforschung bzw. Interviewforschung gilt für Expertinneninterviews im Besonderen. In der einschlägigen Literatur wird diesem Thema bislang keine Zeile gewidmet (vgl. Bogner et al. 2009a, b; Gläser und Laudel 2004). Deshalb soll das Thema im Folgenden ausführlicher behandelt werden.

Die methodischen und methodologischen Konsequenzen von Mehrsprachigkeit für die empirische Sozialforschung betreffen alle Forschungsphasen: angefangen vom Untersuchungsdesign, über die Datengenerierung und -auswertung bis zur Darstellung der Ergebnisse. Damit verbunden sind Fragen der Qualitätssicherung des Forschungsprozesses und der Befunde (Enzenhofer und Resch 2011). In letzter Konsequenz geht es beim Forschen in und mit fremden Sprachen um grundlegende hermeneutische Fragen der Möglichkeiten und Grenzen des Verstehens und um translationswissenschaftliche Grundsatzfragen der Übersetzbarkeit von Kultur (Cappai 2003; Rutgers 2004).

Insbesondere bei Experteninterviews wird vermutlich oftmals auf Englisch als gemeinsame Drittsprache zurückgegriffen, wenn die Beteiligten unterschiedliche Muttersprachen sprechen. In vielen politischen Organisationen und Unternehmen gilt Englisch als lingua franca, und es werden sowohl auf der Seite der Interviewten wie auch auf der Seite der interviewenden Sozialwissenschaftlerinnen ausreichende Sprachkenntnisse unterstellt, um ein Interview durchführen zu können. Wenn dies nicht gegeben ist, behilft man sich in den Sozialwissenschaften aus Kostengründen zumeist mit Kurzzeiteinsätzen von Laien-Dolmetscherinnen oder -Übersetzerinnen, sei es für die Datenerhebung und/oder für die Transkription und Auswertung. Beide Optionen sind nicht unproblematisch. Fraglich ist, anhand welcher Kriterien die Einschätzung der eigenen oder fremden Sprachkompetenzen erfolgt. Sind sie ausreichend, um Feinheiten der Kommunikation (Ironie, spezielle Wortbedeutungen usw.) zu erkennen?

Fremdsprachigkeit wirft jedoch nicht nur grundlegende methodologische, sondern auch eine Reihe von forschungspraktischen Fragen auf (vgl. die nachfolgende Tab. 4.1): Zu überlegen ist etwa bei der Planung und Finanzierung von Projekten, ob Übersetzerinnen oder Dolmetscherinnen eingeplant werden müssen. In welchem Ausmaß und in welcher Funktion ist dies notwendig? In welcher Forschungsphase sind sie unabdingbar? Was ist ihre Rolle im Projekt, insbesondere im Hinblick auf die Interaktionen bei Befragungen? Über welche Qualifikationen müssen die Translatoren verfügen? Wie müssen sie eingeschult werden? Sind muttersprachliche Ko-interpreten notwendig (Schroer 2009)? Inwieweit müssen die (Fremd-)Sprachenkenntnisse der beteiligten Forschenden verbessert werden?

Die Durchführung von Interviews in der Muttersprache der Befragten wird als das Ideal in der qualitativen Interviewforschung angesehen (Resch und Enzenhofer 2012; Kruse et al. 2012a). Aufgrund der emischen, also der *Insider*-Ausrichtung

Tab. 4.1 Checkliste zu Forschungsphasen und Mehrsprachigkeit

Forschungsdesign	Planung zeitlicher und finanzieller Ressourcen sowie von Human Ressourcen;
	ggf. vertiefter Spracherwerb der Interviewer; Kollaboration mit Dolmetscherin über das gesamte Projekt oder nur teilweise Einsatz von Co-Interpretin
	ggf. Einschulung von Dolmetscherin
Datengenerierung	Bei Kollaboration mit Dolmetscherin: Klärung der Rollen; Sitzordnung im Gespräch
	Konsekutives Dolmetschen oder simultanes Flüsterdolmetschen?
	Ausreichend Zeit für jedes Interview einplanen
Datenauswertung	Transkription des Interviews sowie ggf. Übersetzung;
	Überprüfung der Übersetzung;
	Kollaboration mit Dolmetscherin oder Co-Interpreten
Berichtlegung	Sorgfältige Auswahl und ggf. Übersetzung von Zitaten

dieser Forschung steht die Perspektive der Befragten, die Darlegung ihrer Weltsicht, ihre Relevanzen im Vordergrund des Forschungsinteresses. Dies gilt insbesondere für das Expertinneninterview, sind es diese Befragten doch in der Regel gewohnt, den Ton anzugeben. Die Ausführungen der Interviewten sollten möglichst nicht durch (fremd-)sprachliche Restriktionen beschränkt werden. Zugleich obliegt es der Forscherin, das Interview im Hinblick auf die interessierende Forschungsfrage zu dirigieren. Diese Konstellation setzt voraus, dass die Interviewerin und die interviewte Person sich mittels einer gemeinsamen Sprache verständigen können. Vor dem Hintergrund des bevorzugten muttersprachlichen Interviews heißt das, dass die Interviewerin für eine entsprechende Kommunikationssituation Sorge tragen muss. Sofern er oder sie je nach Selbsteinschätzung nicht über ausreichende Sprachkenntnisse verfügt, werden in der Regel zur Lösung der Fremdsprachenprobleme Dolmetscherinnen oder Übersetzerinnen „eingesetzt" oder „genutzt", um die Verständigung zwischen Forscherinnen und Untersuchten überhaupt erst zu ermöglichen. Dabei handelt es sich kaum um ausgebildete Dolmetscherinnen, stattdessen zumeist um Angehörige des Forschungsfeldes, die zweisprachig sind und zusätzlich als Türöffner fungieren. Oder es sind sozialwissenschaftliche Kollegen beteiligt, die die relevanten Sprachen sprechen.

Beide Zugänge bergen Probleme, nicht nur mit Blick auf die tatsächliche Qualität der Sprachkenntnisse, sondern auch im Hinblick auf das notwendige methodische und sozialwissenschaftliche Wissen. Ausgebildete Dolmetscherinnen oder Übersetzerinnen werden selten in die Forschung miteinbezogen, oftmals aus finanziellen Gründen, engen Forschungsbudgets, die diese Art der Professionalität unbezahlbar erscheinen lassen. Aber es sind nicht nur die budgetären Erwägungen, sondern auch das positivistische Bemühen, die Erhebungssituation möglichst von fremden Einflüssen frei zu halten, um die Ergebnisse nicht zu verfälschen und um als Sozialforscher die Kontrolle über die Erhebung zu behalten (Kruse et al. 2012a). Gegen die positivistische Forschungshaltung, die in der Praxis oftmals bedeutet, die Dolmetscherinnen möglichst „unsichtbar" zu machen, haben sich Edwards (1998) sowie Edwards und Temple (2002) dezidiert ausgesprochen. Stattdessen plädieren sie vor dem Hintergrund ihrer Interviewerfahrungen mit Migrantinnen dafür, die Dolmetscherinnen (zumeist Laien) in das Forschungsteam einzugliedern und sie als kompetente Interpretationshilfen für die Forschung zu nutzen, statt sie als bloße Übersetzungsdienstleister zu instrumentalisieren. Dass dies eher selten vorkommt, könnte an der verbreiteten Skepsis in Bezug auf die empirischen Methodenkenntnisse von Dolmetscherinnen liegen, auch bei graduierten Dolmetscherinnen. Diese mag durchaus berechtigt sein, steht doch in der Ausbildung und dem Selbstverständnis der Dolmetscherinnen eine Serviceorientierung im Vordergrund und das Interesse an empirischer Sozialforschung im Hintergrund. Insgesamt ist die (empirische) Forschung auch in der neuen Translationsforschung und den Ausbildungsagenden (noch) nicht gerade hochrangig angesiedelt (kritisch dazu Pöchhacker 2010). Insofern ist es wichtig, darauf zu achten, dass die Dolmetscherinnen zumindest über Grundkenntnisse qualitativer Sozialforschung verfügen. Wenn dies nicht der Fall ist, ist eine Einführung unumgänglich, um die Spezifika einer qualitativen Gesprächsführung und von Experteninterviews im speziellen zu erklären.

Der Einsatz von Dolmetscherinnen für die Datengenerierung ist noch aus weiteren Gründen problematisiert worden. So liegen Erfahrungsberichte vor, denen zufolge die Dolmetscherinnen die Gesprächsführung auch ohne sozialwissenschaftliche Kenntnisse übernommen hätten und die Interviewerin gleichsam aus der Gesprächsführung ausgeschaltet hätten (Kruse et al. 2012a). Oder die Bekanntheit des (Laien-)Dolmetschers mit/in dem Feld wird als Hindernis für die Offenheit und das Vertrauen der Befragten und somit als starke Beeinflussung der Gesprächssituation wahrgenommen (Edwards und Temple 2002). Als grundsätzliches Problem wird die unklare Interpretationshoheit bei der Mitarbeit einer Dolmetscherin sowohl bei der Datengenerierung als auch der Datenbearbeitung wahrgenommen: Übersetzen bedeutet immer interpretieren, und fraglich ist immer, wie übersetzt wird. So können insbesondere bei der laienhaften Übersetzung wichtige Bedeutungsnuancen oder originalsprachliche Eigenheiten verloren gehen.

Durch die Übersetzung wird ein zusätzlicher Interpretationsschritt – vor der eigentlichen interpretatorischen Datenanalyse – eingeführt. Fraglich ist deshalb letztlich, wie die translatorische Interpretation methodisch kontrolliert werden kann. Im Interview geschieht sie gleichsam ad hoc und kann vom Interviewer kaum beeinflusst werden. Die Interviewerin ist ja gerade der Fremdsprache nicht in ausreichendem Maße mächtig. Als Möglichkeit für die systematische Berücksichtigung der translatorischen Interpretationen schlug kürzlich Inhetveen (2012) aufgrund ihrer Forschungserfahrungen in einem multilingualen Feld (einem afrikanischen Flüchtlingslager) vor, die Interpretation durch die Übersetzung nachträglich, bei der Analyse der Daten, nachzuvollziehen. Bei dem besagten Forschungsprojekt wurden Interviews mithilfe von Laiendolmetscherinnen und lokalen Forschungsassistenten aus dem Forschungsfeld durchgeführt und aufgezeichnet. Anhand der neuerlichen Übersetzung des wortwörtlichen Transkripts ins Englische konnten die Interpretationsentscheidungen des Dolmetschers rekonstruiert werden. Die konsekutiv übersetzten Fragen und Antworten wurden von der Forscherin mit dem Dolmetscher gemeinsam hinsichtlich ihrer Bedeutungen für den Gesprächsverlauf analysiert. Die Kombination von oraler und verschriftlichter Übersetzung hatte eine diagnostische und eine heuristische Funktion (Inhetveen 2012, S. 35). In diagnostischer Absicht konnten so die Übersetzungsentscheidungen rekonstruiert werden (ob einem wörtlichen oder gesprächsfördernden/performativen Schema folgend); in heuristischer Absicht konnten wichtige inhaltliche Momente für die Datenauswertung identifiziert werden.

Das von Inhetveen vorgeschlagene Prozedere erlaubt jedenfalls einen reflektierten und praktikablen Umgang mit den translatorischen Interpretationsleistungen im qualitativen Interview. Es anerkennt auch die Tatsache, dass es sich beim Interview um eine spezifische Interaktionsform handelt, die nicht gänzlich kontrollierbar ist oder im positivistischen Verständnis von unerwünschten Störfaktoren frei zu halten ist (Littig und Pöchhacker 2014).

Generelle Lösungen von Problemen der Mehrsprachigkeit für alle Interviewtypen kann es nicht geben, weder für die Generierung von Daten noch für die Analyse. Im Hinblick auf das theoriegenerierende Experteninterview, das die Aufmerksamkeit auf latente Sinnstrukturen richtet, sind translatorische Eingriffe schwerwiegender, weil die Art und Weise wie etwas gesagt wird, wesentlich für die Interpretation ist (Schroer 2009). Für explorative Experteninterviews, denen es mehr um manifeste Sinngehalte geht, steht der Informationsgewinn im Vordergrund. Interpretatorische Einflüsse durch Übersetzungen sind dabei weniger gravierend einzuschätzen.

Auch wenn wegen der feldspezifischen Besonderheiten keine allgemeingültigen Empfehlungen für den Umgang mit Mehrsprachigkeit möglich sind, so soll aber nachdrücklich auf die sorgfältige Reflexion von Problemen der Mehrsprachigkeit bei der Planung und Durchführung von entsprechenden Forschungsvorhaben hingewiesen werden (Inhetveen 2012, S. 43). Die kontinuierliche Kollaboration mit geeigneten Dolmetscherinnen bzw. Übersetzerinnen über den gesamten Forschungsprozess hinweg kann dabei maßgeblich zur Qualitätssteigerung der Forschungsarbeit beitragen.

Die Interaktion im Interview: Frageformulierung und Strategien der Gesprächsführung

5

Das Interview selbst ist eine komplexe soziale Interaktionssituation, in der die Interviewer nicht nur methodisch-regelgeleitet, sondern häufig auch intuitiv agieren und reagieren (müssen). Das bedeutet allerdings nicht, dass eine tiefer gehende methodische Reflexion deshalb müßig wäre – ganz im Gegenteil. Zunächst möchten wir uns typische Interaktionssituationen, wie sie in Experteninterviews häufig vorkommen, näher anschauen (Kap. 5.1): Welche Rollenerwartungen und Einschätzungen gibt es, die den Gesprächsverlauf prägen? Welchen Nutzen und welche Gefahren bieten sie für den Erhebungserfolg? Anschließend wird die Interaktionssituation unter Gender-Aspekten analysiert. Im Mittelpunkt steht die Frage, auf welche Art und Weise die Kategorie Geschlecht im Interview wirksam werden kann – und was dies für die Durchführung von Interviews heißt (Kap. 5.2). Abschließend wird dann dargelegt, welche Hinweise für die Formulierung von Interviewfragen sich aus unseren Analysen der Interviewsituation gewinnen lassen (Kap. 5.3).

5.1 Interaktion im Experteninterview: eine Typologie

In der Literatur zur Gesprächsführung in qualitativen Interviews herrscht immer noch ein Duktus vor, der sich als „Ratschlag des erfahrenen Forschers" beschreiben lässt. Auf Basis der eigenen langjährigen Interviewpraxis werden Grundsätze für die Gesprächsführung formuliert, die eher als Maßregeln des klugen Lehrmeisters daher kommen, denn als systematisch-methodisch begründete oder gar experimentell ermittelte Prinzipien. Dies liegt nicht zuletzt daran, dass es keine entwickelte „wissenschaftliche" qualitative Methodenforschung gibt, die sich der empirischen Untersuchung von Frageformulierungen widmen würde, beispielsweise durch eine vergleichende Wirkungsprüfung von unterschiedlichen Gesprächsstrategien und Frageformen (anders als in der quantitativen Forschung). Interviewen gilt häufig

A. Bogner et al., *Interviews mit Experten*, Qualitative Sozialforschung,
DOI 10.1007/978-3-531-19416-5_5, © Springer Fachmedien Wiesbaden 2014

noch als „the art of science", wie Fontana und Frey es genannt haben (Fontana und Frey 1998). Interviewen ist also, dieser Lesart zufolge, eine Kunstfertigkeit, für die nicht oder nur teilweise methodisches Anwendungswissen entwickelt werden kann.

Nehmen wir zwei gängige Ideale der gelungenen Interviewführung im Experteninterview: Nach Gläser und Laudel soll der Interviewer die „Rolle des neutral fragenden, interessierten, vorinformierten Laien, der ein möglichst natürliches Gespräch mit dem Interviewpartner führt" einnehmen (Gläser und Laudel 2004, S. 182). Was „Natürlichkeit" – ein häufig erwähntes, gängiges Ideal qualitativer Interviewführung generell – allerdings genau ist, ist gar nicht so einfach zu bestimmen. Ist doch davon auszugehen, dass es durchaus unterschiedliche Kommunikationserfahrungen und -erwartungen von Befragten gibt, die nicht einem einzigen Modell entsprechen, zumal die „natürlichen" Kommunikationssituationen auch innerhalb des beruflichen und erst recht des lebensweltlichen Feldes ja erheblich variieren.

Auch Trinczek, ein Arbeits- und Industriesoziologe, meint, dass die Befragungssituation an Alltagssituationen anzuknüpfen habe. Für Expertengespräche mit Managern präzisiert er:

> Eine konstruktive diskursive Interviewsituation setzt freilich inhaltlich wie sozial in hohem Maße kompetente Interviewer/innen voraus. Damit sich ein Manager auf diese für das Forschungsvorhaben fruchtbare, diskursiv-argumentative Interviewsituation einlässt, muss ihm – das ist eine notwendige Voraussetzung – der Interviewer wenigstens halbwegs kompatibel und ‚gleichgewichtig' erscheinen. (Trinczek 2009, S. 234)

Hier ist die Frage der notwendigen Kompetenz anders beschrieben: Während bei Gläser und Laudel der „vorinformierte Laie" der richtige Interviewer ist, ist es im zweiten Zitat derjenige, der als möglichst kompetent und qualifiziert erscheint. Das Zitat lautet weiter:

> Dies hat, das sei hier nur am Rande erwähnt, häufig auch etwas mit Alter und Status der ForscherInnen zu tun. (ebd.)

Nun ist ganz sicher richtig, dass der (wahrgenommene, vermutete) Status des Interviewers einen gewichtigen Einfluss auf die Interviewsituation hat. Nur: Die Erfahrung zeigt allerdings, dass es nicht nur – polemisch ausgedrückt – älteren, akademisch hochdekorierten Männern gelingt, gute Interviews führen, sondern anscheinend auch solchen Personen, die womöglich nicht mit manchen Wünschen und Erwartungen der Interviewpartnern korrespondieren oder vielleicht nicht dem Kompetenz- oder Natürlichkeitsideal des Feldes entsprechen.

Unserer Meinung nach sind alle Leitsätze, die auf *ein einziges* Ideal der Interaktion und Gesprächsführung im (Experten-)Interview abzielen, mit Vorsicht zu genießen. Neutralität und Natürlichkeit (wie auch immer ausbuchstabiert) sind eine methodische Fiktion, die uns davon abhält, die Interaktionsbedingungen genauer zu reflektieren. Wir halten es vielmehr grundsätzlich für angezeigt, in Rechnung zu stellen, dass die Äußerungen im Interview *immer* einen Adressatenbezug haben: Sie sind auf einen bestimmten Kommunikationspartner (auf uns als Interviewer) gerichtet. Ein Interview und eine Fragestrategie sind nicht eine neutrale Methode zur Generierung allgemeinen Wissens, das auf einer tieferen Ebene im Bewusstsein des Befragten versteckt ist, ein Schatz, den man archäologisch zu bergen hätte. Vielmehr sind die Äußerungen der Befragten immer Äußerungen in Bezug auf einen bestimmten Adressaten; es sind nicht nur Äußerungen *von* etwas, sondern immer auch *für* jemanden. Damit variieren die Äußerungen je nach Wahrnehmung des Gegenübers der Kommunikation. Sie sind aber nicht einfach „richtig" bei Befolgung von allgemeinen Regeln hinsichtlich Kompetenz, Neutralität usw. oder falsch bzw. verzerrt durch „Interaktionseffekte"[1], wenn man von diesem Regelsatz abgewichen ist. Vielmehr sind es Äußerungen, die „adressatenspezifisch" gleichsam immer richtig sind.

Die produzierten Äußerungen hängen von den Wahrnehmungen und den Zuschreibungen gegenüber dem Interviewer oder der Interviewerin ab, und zwar in mindestens dreierlei Dimensionen:

- Zuschreibungen hinsichtlich der *fachlichen Kompetenz* der Interviewerin wie auch ihrer fachlichen Herkunft (beispielsweise ihrer Herkunftsdisziplin)
- Vermutungen über die *normative Bewertung* des Feldes und der Rolle des Befragten, insbesondere Vermutungen darüber, ob die Experten von geteilten oder divergierenden normativen Orientierungen ausgehen
- Annahmen über die *Einflusspotenziale* des Interviewers: Welche Folgen werden dem Interview zugeschrieben?

Je nach Zuschreibungen in diesen Dimensionen ergeben sich spezifische Interaktionssituationen, und jede Situation hat spezifische Vor- und Nachteile hinsichtlich der Datenproduktion. Die unterschiedlichen Interaktionssituationen machen verschiedene *Fragestrategien* einerseits *möglich*, andererseits *nötig*. Aber keine Situation produziert „falsche" Daten, wenn auch manche Ergebnisse für den eigenen

---

[1] Schon der häufig verwendete Begriff der „Interaktionseffekte", um negative Einflüsse des Interviewer auf die Erhebungssituation zu kennzeichnen, mutet sehr merkwürdig an: Dass Interaktion Effekte zeigt, erscheint hier als Pathologie – dabei funktioniert doch die gesamte Interviewmethode nur über (gezielte) Interaktionseffekte.

Zweck eben besser und andere schlechter geeignet sein mögen. Anhand dieser drei Dimensionen lassen sich typische Interviewsituationen folgendermaßen beschreiben (ausführlicher dazu: Bogner und Menz 2009b).

Üblicherweise wird in der Literatur zum Experteninterview die Wahrnehmung als *„Co-Experte"* bevorzugt und als Ideal für die Gesprächsführung propagiert – wie im genannten Zitat von Trinczek (2009). Die Interviewerin wird als gleichberechtigte Partnerin und Kollegin angesehen, mit dem der Experte Wissen und Informationen austauscht. Der Befragte setzt dabei einen gemeinsam geteilten Vorrat an Kenntnissen und Wissen voraus, auf den zurückgegriffen werden kann, ohne dass er im Detail expliziert werden muss. Die (zumeist impliziten) handlungspraktischen Voraussetzungen der eigenen Orientierungen werden nicht ausdrücklich dargestellt. Thematisiert wird nur, was nicht als gemeinsames Wissen unterstellt wird.

Die Kommunikationssituation ist weitgehend horizontal, es gibt viele Nachfragen und Gegenfragen der befragten Personen, die Antwortpassagen sind in der Regel nicht übermäßig lang, der Gesprächspartner verwickelt die Interviewerin in inhaltliche Debatten usw. Dieser Typus ist voraussetzungsreich und anstrengend: Die Interviewerin muss selbst Fachkenntnisse im Gespräch demonstrieren, zudem möglichst über bestimmte Titel oder organisationale Positionen verfügen. Die Vorteile dieser Interaktionsform liegen im hohen fachlichen Niveau des Gesprächs, das viel relevantes Fachwissen und interessante Informationen enthält. Insofern ist es für explorative oder systematisierende Experteninterviews besonders geeignet.

Nachteilig wirkt sich eine solche Interviewsituation aus, wenn der Befragte sich in technischen Details, die für die Fragestellung uninteressant sind, verliert. Problematisch ist aber vor allem: Vieles, was gerade für theoriegenerierende Experteninterviews interessant ist, wird nicht thematisiert, weil es unausgesprochen als ohnehin geteilt unterstellt wird.[2]

Das Gegenstück zum „Co-Experten"-Typus ist die Wahrnehmung des *Interviewers als „Laie"*. Hier wird uns hinsichtlich des Wissens eine geringe Kompetenz unterstellt. Entweder agiert die Befragte dann als eine didaktisch orientierte Vermittlerin ihrer Erfahrungen und Wissensbestände und gibt uns eine behutsame Einführung in das Thema – wenn wir ein „willkommener Laie" sind. Oder – im schlechteren Fall – reagiert sie unwirsch aufgrund der geringen unterstellten Kompetenz und bringt das Interview schnell zu Ende. Die Kommunikationssituation ist

---

[2] Eine Unterform des „Co-Experten" ist das, was wir die Wahrnehmung als „Experte einer anderen Wissenskultur" genannt haben: Hier wird zwar eine hohe Fachkompetenz angenommen, aber nicht auf dem eigenen Gebiet, sondern auf einem anderen, ggfs. verwandten. Hinsichtlich der Explizierung von (vermeintlichen) Selbstverständlichkeiten ist diese Wahrnehmung vorteilhafter.

stark hierarchisch: Die Befragte gibt den Ton an und strukturiert das Thema nach ihrem Belieben. Häufig entsteht eine paternalistische Einstellung: Die Befragte behandelt den Interviewer mit gutmütiger Herablassung.

In einer solchen Interaktionssituation ist die Steuerungs- und Strukturierungs-möglichkeit durch den Interviewer geringer. Dafür kann der Interviewer befreiter agieren, er darf beispielsweise auch naiv erscheinende Fragen stellen – denn gerade die ihm unterstellte Naivität führt zur Preisgabe von Wissen, mit dem sonst strategisch umgegangen werden würde. Der Interviewer erscheint als harmlos, negative Konsequenzen sind nicht zu befürchten (Abels und Behrens 2009).

Glaubt die Befragte sich einem Laien gegenüber, präsentiert sie ihre eigenen Relevanzen ausführlicher. Auch basale Orientierungen und Vorstellungen werden ausgeführt und erläutert – gerade wenn man Deutungswissen untersuchen möchte, kann das sehr relevant sein.

Es gibt aber auch Nachteile der Laien-Wahrnehmung: Bisweilen verlieren die Befragten sich in langen Monologen, präsentieren ein „rhetorisches Interview" und referieren bloße Allgemeinplätze.

Wird der *Interviewer als potentieller Kritiker* eingeschätzt, wird ihm die Fähigkeit zur „objektiv-fachgerechten" Beurteilung der im Interview zur Debatte stehenden Themen abgesprochen. Er gilt als ideologisch vorbelasteter Vertreter einer unerwünschten Weltanschauung, der die gewonnenen Erkenntnisse nicht in den Dienst „neutraler" Wissenschaft stellt, sondern diese strategisch für seine politischen oder persönlichen Ziele nutzt (gerade die Soziologie ist bisweilen einem solchen Verdacht ausgesetzt). Häufig schlägt dies in Ablehnung des Interviewers um, die bis hin zu verdeckter oder offener Feindseligkeit führen kann. Die Expertin fühlt sich durch die Interviewfragen kritisiert, sie glaubt die Integrität ihrer Funktion oder gar ihrer Person in Frage gestellt.

Das ist mit gravierenden Nachteilen verbunden, so dass dies in der Regel nicht zu empfehlen ist. Die Antwortbereitschaft ist gering, die Befragten sind bestrebt, das Interview kurz zu halten, den Interviewern wird Misstrauen entgegengebracht, mit Informationen wird strategisch umgegangen. Allerdings kann die Kritiker-Zuschreibung auch bestimmte Vorteile haben: Der Befragte präsentiert Legitima-tionsdiskurse und legt damit die normativen Prämissen der eigenen Orientierung offen; er gibt Begründungen, die wir womöglich sonst nicht erhalten hätten (zu einem Beispiel für die gelungene Nutzung einer solchen Interview-Situation vgl. Bogner 2005, S. 109 ff.).

Hinsichtlich dieser Dimension der normativen Orientierung ist das Gegenbild zum „Kritiker" die „*Interviewerin als Komplizin*": Die Interviewerin wird wahrge-nommen als Mitstreiterin in einem Macht durchsetztem Handlungsfeld. Ihr wird ein besonderes Vertrauen entgegengebracht, das darauf basiert, dass man zentrale normative Orientierungen teilt. Ihr werden vertrauliche Informationen gegeben;

nicht nur öffentliche Strategien, sondern auch „inoffizielle" Ziele und Pläne werden dargestellt. Den Hintergrund bilden häufig die persönliche Bekanntschaft oder die Kontaktaufnahme über gemeinsame Bekannte oder auch eine gemeinsame organisatorische Zugehörigkeit (z. B. Gewerkschaften, Parteien).

Natürlich hat dies gravierende Vorteile, die im Zugang zu besonderem Wissen liegen. Zu beachten ist allerdings, dass die Forscherin das entgegengebrachte Vertrauen nicht missbraucht und etwa vertrauliche Informationen öffentlich macht – häufig sind die Informationen daher nur in Grenzen nutzbar. Die Nachteile ähneln denen des Co-Expertenmodells: Die normativen Orientierungen, von denen vorausgesetzt wird, dass sie geteilt werden, werden nicht expliziert. Unter „Komplizen" ist das nicht üblich. Was wir in einer solchen Interviewsituation an Informationen (technisches und Prozesswissen) gewinnen, verlieren wir womöglich im Bereich des Deutungswissens.

Zu weiteren möglichen Wahrnehmungsformen des Interviewers nur in Kürze: Der Interviewer als „*Evaluator*" erscheint als machtvolle Person, deren Einschätzung und Bewertung relevante Folgen für die Befragten hat – etwa hinsichtlich Finanzmittel, Karriere usw. Das ist natürlich forschungsstrategisch in der Regel nicht erstrebenswert; gleichwohl etwa bei Evaluationen nur schwer zu vermeiden. Kritische Sachverhalte und Probleme werden z. B. verschwiegen, der Interviewer wird Gegenstand strategischen Handelns. Die Interviewsituation ist durch Misstrauen gekennzeichnet, zugleich aber teilweise durch die notgedrungene Bereitschaft „mitmachen zu müssen".

Nicht selten wird dem Interviewer als fachliche „*Autorität*" begegnet, er erscheint aufgrund seiner Position als Forscher, als Universitäts- oder Institutsangestellter als herausgehobener Experte. Dies ist gewissermaßen eine Steigerungsform der Co-Experten-Zuschreibung, die hier in eine Asymmetrie der Gesprächssituation umschlägt. Die Befragte sieht sich als unterlegen an und agiert unsicher, ob sie auch das fachlich Richtige sagt. Häufig für einen solchen Typus sind Rückfragen, mit denen die Interviewpartnerin Bestätigung für ihre Aussagen sucht.

Wie wir von unseren Gesprächspartnerinnen wahrgenommen werden, hängt von unterschiedlichen Faktoren ab: Alter, Geschlecht, Kleidung, Habitus, von Titeln und organisationaler Herkunft. Auch der Finanzier der Studie kann Einfluss haben, sofern er bekannt ist. Das alles ist bestenfalls in engen Grenzen zu beeinflussen. Sich bewusst zu verstellen, gelingt zumeist nicht und ist nicht empfehlenswert. Darüber hinaus sind aber die Selbstdarstellung von Untersuchungsvorhaben und Person sowie die Fragestrategie im Gespräch von entscheidender Bedeutung. Dies kann und sollte auf die angestrebte Wissensform und das Forschungsziel abgestimmt werden. Es ist durchaus sinnvoll, den Interviewpartnerinnen Anhaltspunkte zu geben, an denen sie ihre Zuschreibungen und Erwartungen ausrichten können. Denn wir sollten eines in Erinnerung behalten: Wir können solchen Zuschreibungen gar nicht entfliehen! Sich gleichsam als unsichtbares, neutrales Erhebungsinstrument zu gebärden, funktioniert nicht. Profil zu zeigen als Interviewerin, ist zumeist erfolgreicher. Kaufmann hat es so formuliert: „Nur in dem Maße, in dem (der Interviewer) sich einbringt, wird sich auch der andere einbringen und sein tiefstes Wissen nach außen tragen" (Kaufmann 1999, S. 77). Übertragen auf unseren Fall: Ein engagierter Laie oder eine engagierte Kritikerin führt womöglich erfolgreicher Interviews als jemand, der sich im Interview möglichst bedeckt halten möchte.

Eine Reflexion möglicher Rollenerwartungen und Zuschreibungen ist aber auch deshalb sinnvoll, weil wir damit die eigenen Vorstellungen eines gelungenen Gesprächs kritisch darauf befragen können, welche Erkenntnisziele damit erreicht werden können. Häufig gehen wir mit bestimmten persönlichen Erwartungen in das Interview, etwa dem Wunsch, fachlich ernst genommen und als gleichberechtigte Gesprächspartnerin akzeptiert zu werden. Wir müssen aber unterscheiden zwischen einer gelungenen *Anerkennungsbeziehung*, die die eigenen Wünsche und Erwartungen befriedigt, und einer gelungenen Situation der *Datenproduktion*. Eine individuell-psychisch als erfreulich empfundene Interviewsituation ist nicht gleichbedeutend mit einer methodisch empfehlenswerten und garantiert auch keineswegs forschungspraktisch ergiebige Interviews. Eine Analyse der Interaktionskonstellationen im Interview dient dazu, sich nüchtern die Vor- und Nachteile der unterschiedlichen Wahrnehmungsweisen und Kompetenzzuschreibungen hinsichtlich der Produktion und Erhebung von Wissen, wie es für die eigene Fragestellung relevant ist, vor Augen zu führen. Und es macht deutlich, dass die häufig empfohlene Rolle des Co-Experten nicht unbedingt die einzige und beste Kompetenzzuschreibung ist.

5.2 Gender-Aspekte im Experteninterview

Die oben dargelegten Überlegungen zu Wahrnehmungen und Zuschreibungen seitens der Interviewpartner sollen im Folgenden mit Blick auf die Geschlechterverhältnisse vertieft werden. Angesichts der Tatsache, dass soziale Interaktionen und soziale Strukturen „vergeschlechtlicht" sind, ist danach zu fragen, welche Rolle die Geschlechterverhältnisse bei der Durchführung von Experteninterviews spielen (Abels 1997; Abels und Behrens 2009; Littig 2009b). Sind sozialwissenschaftliche Methoden, im vorliegenden Fall Experteninterviews, geschlechterneutral? Oder ob und inwiefern wird die Kategorie Geschlecht bei der Verwendung dieser Methode wirksam (Behnke und Meuser 1999)? Will man diesen Fragen nachgehen, ist zunächst zu überlegen wie sich die Kategorie Geschlecht im Experteninterview manifestiert und anhand welcher Indikatoren die „Vergeschlechtlichung" des

Experteninterviews beschrieben werden kann. Oder noch grundsätzlicher gefragt: Woran lässt sich erkennen, dass die Kategorie Geschlecht beim Experteninterview bedeutsam ist? Was folgt daraus methodisch und methodologisch für das Experteninterview?

Die Beantwortung dieser Fragen ist hinsichtlich der drei Phasen des Experteninterviews – die Auswahl der Interviewpartner, die Durchführung des Interviews und die Auswertung – relevant und unter geschlechtertheoretischer Sicht näher zu betrachten. Konkret geht es dabei um folgende Überlegungen: 1. Welche Bedeutung hat der geringe Anteil von Frauen auf höheren Hierarchieebenen als wichtige Rekrutierungsebene von Interviewpartnern für die Datengenerierung? 2. Wie funktioniert das Doing Gender, die Konstruktion und Reproduktion von Geschlecht im Expertengespräch (West und Zimmerman 1997)? 3. Betrachtet man schließlich die Auswertung der Daten unter Geschlechteraspekten, geht es um die Frage, welche Bedeutung die Geschlechterkategorie für die Interpretation der Daten hat.

Zur ersten Frage ist zu konstatieren, dass Experteninterviews vorwiegend mit den Funktionseliten von Organisationen, also vielfach mit Führungskräften oder Personen in Schlüsselpositionen, durchgeführt werden. Deshalb ist damit zu rechnen, dass es sich dabei häufig um männliche Führungskräfte handeln wird. Ausnahmen davon sind vermutlich solche Branchen, Arbeitsfelder oder Professionen, die von Frauen dominiert werden (z. B. Pflegebereich, bestimmte Lehrämter, Frauenbeauftragte u. a.).

Was bedeutet das nun für das Experteninterview? Zunächst einmal bedeutet es, dass sich mit großer Wahrscheinlichkeit die beschriebenen strukturellen Geschlechterdifferenzen auch in der Auswahl der Gesprächspartner für das Experteninterview – einer hohen Anzahl männlicher Befragter – zeigen werden. Im Experteninterview werden sich also die gesellschaftlichen Geschlechterverhältnisse zunächst in der Weise manifestieren, dass das Sampling mit großer Wahrscheinlichkeit die strukturelle Geschlechtsspezifik und Geschlechterhierarchie von beruflichen oder semi-professionellen Organisationsformen widerspiegeln wird. Generelle methodische Schlussfolgerungen für die Auswahl von Expertinnen, etwa eine gezielte Quotierung des Samples, scheinen an diesem Punkt nicht angebracht, zumal sich in einigen Bereichen kaum Expertinnen werden finden lassen. Dennoch ist die Geschlechterverteilung des Samples bedeutsam, weil sie Fragen nach der Generalisierbarkeit und Validität der Daten aufwirft; also die Frage, ob sie geschlechtsspezifische Deutungs- und Handlungsmuster wiedergeben und entsprechend interpretiert werden müssen.

Hinsichtlich des Doing Gender im Experteninterview ist anzunehmen, dass die Geschlechterunterscheidung im Interview interaktiv hergestellt und reproduziert wird und während der gesamten Interviewsituation präsent ist (Hirschauer 1996;

Littig 2009b). Deshalb ist es müßig, die „Vergeschlechtlichung" des Experteninterviews als störend oder als informationshemmend zu beurteilen und in der Folge vermeiden zu wollen; schließlich ist die Geschlechterklassifikation im Interview ein nicht zu hintergehendes Faktum, gleichsam eine soziale Tatsache (Behnke und Meuser 1999, S. 77 ff.). Interviews mit Experten und Expertinnen werden in der Regel von sozialwissenschaftlichen Experten und Expertinnen durchgeführt; die Planung, Organisation, Durchführung und Auswertung von Interviews ist Teil des professionellen Handelns von Wissenschaftlern. Mit der Durchführung von Experteninterviews (oder anderer Formen der Datenerhebung) werden Wissenschaftler zum Teil des Feldes, das sie untersuchen. Sie sind Teil der Interaktion, die im Interview stattfindet. Wir nehmen uns immer als Männer oder Frauen wahr und interagieren auch immer als Männer und Frauen, auch wenn die Interaktionssituation sowohl für die episodische Relevant-Setzung, d. h. Aktualisierung als auch für die Neutralisierung und somit das Vergessen des Geschlechts offen ist (Hirschauer 1996, 2001).

Für die Durchführung von Experteninterviews sollten wir uns bewusst sein, dass es nicht beliebig ist, ob das Interview in einem geschlechtshomogenen oder -heterogenen Setting stattfindet. Egal in welcher geschlechtlichen Konstellation das Experteninterview durchgeführt wird, Doing Gender findet – wenn auch möglicherweise nicht als konstanter Prozess – statt. Das Interviewsetting sollte deshalb auch unter Geschlechtergesichtspunkten bewusst gestaltet werden, damit tatsächlich ein strategischer Einsatz geschlechtertypischer Interaktion erfolgen kann. Diese Überlegungen sollten auch in die Schulung oder Vorbereitung von Interviewern und Interviewerinnen einfließen. Konkret kann dies heißen, gezielte Übungen zu verschiedenen Gesprächstaktiken (z. B. sich naiv stellen, ggf. widersprechen, gezieltes Dirigieren, die Herstellung von Vertrauen bei heiklen Themen etc.) durchzuführen. Um dies an einem Beispiel zu verdeutlichen, sei auf eine Interviewserie von Abels und Behrens (2009) mit Biotechnologen hingewiesen. Die beiden Autorinnen schildern verschiedene geschlechtertypische Interaktionseffekte in den Experteninterviews: den Paternalismus-, Katharsis-, Eisberg-, Rückkopplungs- und Profilierungseffekt. Diese Effekte zeigen sich etwa in väterlichen Gesten einiger Interviewter den Interviewerinnen gegenüber, in ihrer Degradierung zu verständnisvollen Zuhörerinnen für private Sorgen oder durch die provokative Demonstration des Status und der Bedeutsamkeit des Interviewten. Aus einer Geschlechterperspektive interpretieren die Autorinnen diese Verhaltensweisen der Interviewten als Ausdruck klassischer Rollenstereotypen und Vorstellungen über die Geschlechterverhältnisse. Zum Teil überlagern sich die Geschlechtereffekte mit anderen Kategorien wie Alter, professionellem Status u. ä., die dann stärker zum Tragen kommen und männliche Interviewer vermutlich in ähnlicher Weise betreffen können. In einigen Fällen, z. B. bei paternalistischem Verhalten, setzen die Autorinnen ihre vermeintliche Inkompetenz geradezu strategisch zur Informationsgewinnung ein. In anderen Fällen, etwa bei demonstrativen Profilierungsversuchen seitens der Befragten, raten sie dazu, derartige Anstrengungen des Interviewpartners zu ignorieren, um sein Imponiergehabe zu untergraben.

Sofern es die forschungspraktischen Rahmenbedingungen zulassen, sollten Interviews mit Experten und Expertinnen in unterschiedlichen geschlechtlichen Zusammensetzungen durchgeführt werden. Dadurch können vielfältigere Daten generiert werden, was insbesondere bei bestimmten, geschlechtersensiblen Fragestellungen (z. B. der Analyse von Gleichstellungspolitiken oder Reproduktionstechnologien) von Vorteil sein dürfte. Sporadische Hinweise auf Unterschiede in der Gesprächsführung und in den Gesprächsinhalten von Experteninterviews – je nachdem, ob eine weibliche Interviewerin einen Experten oder ein männlicher Interviewer eine Expertin befragt – lassen sich wie bereits dargestellt bei Abels und Behrens (2009 s. a. Abels 1997) finden. Auch Padfield und Procter (1996) sprechen in ihrem Artikel „The Effect of Interviewer's Gender on the Interviewing Process" von Geschlechtereffekten. Sie stellten in Interviews mit jungen Frauen ein unterschiedliches Antwortverhalten fest und zwar in Bezug auf die Mitteilungsbereitschaft von persönlichen Erfahrungen bei einer Abtreibung: Im Fall des männlichen Interviewers waren die Frauen zurückhaltender in der Mitteilung persönlicher Erfahrungen. Systematische Untersuchungen zur Frage geschlechtertypischen Frage- und Antwortverhaltens im Interview gibt es allerdings noch immer kaum. Wie eingehend die geschlechtertypische Interaktion im Experteninterview analysiert wird, hängt letztlich vom Forschungsinteresse und den Rahmenbedingungen (Zeit, Budget usw.) ab. Eine völlige Vernachlässigung der Geschlechterkategorie bei der Analyse des Datenmaterials ist allerdings aufgrund der Omnipräsenz der Kategorie Geschlecht in der Interaktion fahrlässig. Die Rekonstruktion des Doing Gender im Interview sowie möglicher geschlechtertypischer Interaktionsformen dürfte leichter in einer Auswertungsgruppe als alleine geleistet werden können. Möglicherweise erhöht ein geschlechtsheterogenes Auswertungsteam (nicht nur im Fall des Experteninterviews) die Sensibilität für diese Fragestellungen.

5.3 Frageformulierung und Fragestrategie in Experteninterviews

Was bedeutet die Betrachtung der Interaktionssituation und der („vergeschlechtlichten") Rollenwahrnehmungen im Interview nun für die konkrete Frage der Gesprächsführung und der Frageformulierung? Im Folgenden möchten wir einige

Hinweise dafür geben, wie wir die Gespräche ganz konkret gestalten können. Die Art und Weise der Auswahl und Formulierung der Interviewfragen lässt sich nach drei Dimensionen unterscheiden:

- nach der Stellung der Frage in der zeitlichen Struktur des Gesprächs; insbesondere Einstieg und Ende des Interviews machen eine besondere Frageformulierung sinnvoll;
- nach den Formen des „Sprechanreizes" beziehungsweise der inhaltlichen Steuerung, denn davon hängt ab, welche Erzähl- und Antwortweise wir erzielen;
- nach ihren Folgen für die Interaktionssituation, also der (Re-)Produktion der in Kap. 5.1 unterschiedenen Interaktionstypen und damit nach ihren Möglichkeiten, bestimmte Wissensformen in den Vordergrund zu stellen.

5.3.1 Zeitdimension: Einstieg und Ende des Interviews

Insbesondere der Einstieg ins Interview erfordert einige besondere Überlegungen. Die Anfangspassage, noch vor dem Stellen der ersten Frage, ist für die Herausbildung einer bestimmten Interaktionskonstellation mit bestimmten Wahrnehmungen, Zuschreibungen und vermuteten Kompetenzen gegenüber der Interviewerin von besonderer Bedeutung. Kann Vertrauen aufgebaut werden? (Das ist jedenfalls dann wichtig, wenn eine Konstellation erwünscht ist, die Vertrauen voraussetzt, wie insbesondere im Fall des Interviewers als Komplizen, aber auch im Fall des Interviewers als Co-Experten). Die Anfangsphase ist insbesondere dann wichtig, wenn sie den ersten Kontakt mit der Befragten darstellt.

Dieser Teil des Interviews sollte also sorgfältig geplant werden.

a. Zentrale Elemente der *Einleitungs- bzw. Vorstellungsphase* sind:
   - *Dank für die Gesprächsbereitschaft*
   - *Vorstellung der Interviewerin;* in Bezug auf die Formen der Erwartungskonstruktionen ist dann z. B. zu überlegen: inszeniert man sich als Expertin, z. B. mit universitären Titeln oder eher als unbedarft? Überreicht man die professionell aussehende Visitenkarte der Uni oder erwähnt man nur, dass man „irgendwie" am Anfang einer Promotion steht und jetzt ein exploratives Interview macht?
   - *institutioneller Kontext; z. B.* Uni, Institut, Promotion, Finanzier – auch hier ist zu fragen, ob ich erwähne, dass ich von der Rosa-Luxemburg- oder der Hans-Seidel-Stiftung finanziell unterstützt werde, je nachdem, welche Wirkung ich erzielen will,

- *Erläuterung des Themas der eigenen Untersuchung;* hier wird in der Regel eine gewisse Anpassung an den Hintergrund der Befragten erfolgen, z. B. indem eine allzu akademische Themenstellung praxisorientiert reformuliert wird. Dem strategischen Umgang sind allerdings hier Grenzen gesetzt, weil die Befragten häufig auch andere Informationsquellen heranziehen wie z. B. die Projektdarstellung im Internet;
- Klärung des zeitlichen *Interviewrahmens;* ein Erfahrungswert ist, dass die Befragten nicht selten mehr Zeit haben als bei der vorangegangenen Interviewabsprache angegeben – manchmal ist es aber auch genau andersherum. Daher ist es sinnvoll, zu Beginn des Gesprächs noch einmal nachzufragen, wie viel Zeit zur Verfügung steht, denn man möchte ja keine Zeit verschenken (indem man sich so sehr beeilt), andererseits will man alle relevanten Themen und Fragen ohne Zeitdruck ansprechen;
- evtl. auch *Erläuterung des Interviewablaufs bzw. „erwünschter Antwortformen":* etwa der Hinweis darauf, dass ausführliche Schilderungen erwünscht sind, dass es durchaus auch um subjektive Sichtweisen und Einschätzungen geht. Das ist insbesondere dann sinnvoll, wenn die vermuteten Erwartungen der Befragten von der intendierten Interviewstrategie abweichen.
- Bitte um die *Erlaubnis zur Tonbandaufzeichnung, ggfs. Anonymitätszusicherung.*

Gelegentlich ist man dazu verleitet, bereits in der Einleitung die Themenblöcke des Interviews genauer zu erläutern. Davon ist abzuraten, denn nicht selten beginnen die Befragten dann sogleich mit der Beantwortung, und die Steuerung des weiteren Gesprächs wird erschwert.

b. Von besonderer Bedeutung ist die *Einstiegsfrage,* also die erste Aufforderung an den Interviewpartner, sich zu äußern. Bei standardisierten Befragungen werden hier häufig Fragen benutzt, die keine inhaltliche Funktion haben, sondern die der Stabilisierung der Gesprächssituation dienen (die Antworten werden also hinterher gar nicht verwendet). Hier ist die übliche Empfehlung: leicht zu beantworten, am besten „positiv" zu beantworten (also eher zustimmend), nicht zu persönlich zu werden. Nun ist die Gefahr des Gesprächsabbruchs bei persönlichen Experteninterviews zwar geringer als in standardisierten schriftlichen oder telefonischen Befragungen. Aber auch hier ist zu überlegen, ob man zur Unterstützung oder Korrektur der Interaktionserwartungen entsprechend formulierte Fragen stellt (z. B. eine allgemein-naive Frage, wenn man als Laie wahrgenommen werden möchte; eine Frage, die eigenes Fachwissen demonstriert, wenn man als Co-Experte erscheinen möchte; eine Frage, die Einverständnis in normativer Hinsicht demonstriert, wenn man Komplize sein will usw.). In der Regel ist eine Einstiegsfrage zu empfehlen, die nicht zu schwierig ist und nicht konfrontativ und die dem Befragten erst einmal die Möglichkeit gibt, sich „warm zu reden". Allerdings sollte der Einstiegsstimulus nicht zu allgemein gehalten sein, um die Erzählkompetenz des Befragten nicht gleich zum Einstieg zu stark zu strapazieren. Ein in diesem Sinne geeigneter Einstieg in das Expertengespräch, mit dem wir vielfach gute Erfahrungen gemacht haben, ist etwa die Frage nach der Funktion der Befragungsperson: „Könnten Sie zum Einstieg schildern, was Ihre Aufgabe hier in der Organisation ist und wie Ihr beruflicher Hintergrund aussieht?"

c. Das *Ende des Interviews* ist in der Regel nicht schwer und bedarf keiner besonderen Technik. Man endet mit einem Dank, dass die Befragten sich die Zeit genommen haben, bespricht ggfs. das weitere Vorgehen (z. B. Vermittlung weiterer Interviewkontakte, Zurverfügungstellung der Ergebnisse etc.). Als Abschlussfrage davor bietet sich die Aufforderung zu Bilanzierung oder Ergänzung an, etwa: „Alles in allem – haben Sie den Eindruck, dass wir noch Punkte, die aus Ihrer Sicht relevant sind, für unsere Untersuchung vergessen haben? Hätten Sie noch etwas zu ergänzen?" Die Antworten darauf fallen ganz unterschiedlich aus: von einem knappen Statement „alles okay" bis hin zu einem 15-minütigen weiteren Gespräch kommt in der Praxis alles vor.

Nach dem offiziellen Ende des Gesprächs – ausgedrückt durch den abschließenden Dank oder das Abschalten des Aufnahmegeräts – erfolgt in der Regel noch ein informeller Gesprächsteil, der häufig inhaltlich ausgesprochen ergiebig ist. Dies macht deutlich, dass die Interviewsituation für die Befragten – häufig entgegen einem professionellen Habitus – doch eine künstliche Situation ist. In der Regel erfolgen nun besonders persönlich gefärbte Schilderungen oder auch Beschreibungen von Problemen im Ablauf, von informellen Strukturen usw. Es ist schwierig, diesen Teil strategisch geplant zu nutzen; aber man kann sich natürlich auch für solche Situationen noch ein oder zwei Fragen vormerken. Typisch für solche Gespräche sind auch Nachfragen des Interviewten: „Hat Ihnen das jetzt etwas gebracht?", „Was machen Sie jetzt damit?", nicht selten auch Entschuldigungen „Jetzt habe ich aber viel zu viel geredet!" Es kommt vor, dass solche Türrahmengespräche durchaus noch eine weitere Viertelstunde dauern.

Das, was nicht aufgenommen wurde, sollte man im Anschluss sofort in Post-Interview-Memos festhalten, am einfachsten, indem man die Ergänzungen selbst auf das Aufnahmegerät spricht. Die Post-Interview-Memos sollten auch wichtige Eindrücke hinsichtlich Interviewsetting, räumlicher Umgebung und nonverbalen Ausdrucksweisen der Befragten sowie der Gesprächsatmosphäre umfassen. Die Memos helfen bei der Auswertung, sich an Besonderheiten des Interviews zu erinnern und sind deshalb ein wichtiger Teil der Datengenerierung.

5.3.2   Formen des Sprechanreizes

Je nach Frageformulierung können wir unsere Interviewpartnerinnen zu ganz unterschiedlichen Formen des Redens anregen – von knappen Ja-/Nein-Antworten
bis hin zu komplexeren Stellungnahmen oder ausführlichen Berichten. Auch wenn
wir im Experteninterview – anders als in standardisierten Befragungsformen – in
der Regel auf ausführlichere sprachliche Äußerungen abzielen und nicht auf ein-
fache binäre oder skalierte Kurzantworten („stimme eher zu'; ‚trifft seltener zu'
etc.), so haben doch ganz unterschiedliche Frageformen ihre Berechtigung.[3] Auch
hier gilt: Die Frageformen sind jeweils in Abhängigkeit zu den interessierenden
Wissensbeständen und Interaktionskonstellationen zu wählen. Folgende fünf Fra-
getypen können wir unterscheiden, die in Experteninterviews sinnvoll eingesetzt
werden können:

a. Erzählungsgenerierende Fragen
b. Stellungnahmen und Bewertungsfragen
c. Sondierungen
d. Faktenfragen
e. thematische Steuerung

a. Erzählungsgenerierende Fragen
Erzählaufforderungen sind ganz allgemein solche Fragen oder Gesprächsanreize,
die darauf abzielen, dass die Befragten längere, eigenständig strukturierte Schilderungen und Darstellungen produzieren. Diese Darstellungen beziehen sich in
der Regel auf Ereignisse, Erlebnisse und Handlungen (weniger dagegen auf Einstellungen oder Bewertungen). In besonderer Weise sind solche Narrationen aus bestimmten Formen des biographischen Interviews bekannt, wo die Generierung von
Erzählungen angestrebt ist, die über extrem lange zeitliche Phasen reichen (also
z. B. umfassende biographische Abschnitte zum Gegenstand haben, aber eben auch
lange Zeiträume im Interview einnehmen).[4] In Expertinneninterviews beziehen
sich die Erzählaufforderungen in der Regel auf kürzere Phasen, etwa bestimmte,
zeitlich abgrenzbare Prozesse oder spezifische erlebte Ereignisse, also auf spezifische „Episoden" (in dieser Hinsicht ähnlich dem „episodischen Interview" von
Flick (1995; 2007, S. 238 ff.).

---

[3] Vgl. hierzu auch die Kritik von Legard u. a. (2003) an der vorherrschenden Fokussierung
der qualitativen Sozialforschung auf möglichst offene Frageformen.

[4] In seiner ursprünglichen Konzeption von Schütze kommt das „narrative Interview" allerdings aus der politischen Gemeindeforschung (Schütze 1977). In der Biographieforschung
ist es heute das am häufigsten verwendete Erhebungsinstrument (Schütze 1981, 1983; Glinka
1998; Hermanns 1995; Lucius-Hoene und Deppermann 2002).

Im Folgenden zwei Beispiele für solche erzählungsgenerierende Fragen; die erste richtet sich auf einen erlebten Veränderungsprozess, die zweite auf die individuelle Berufsbiographie:

Ihr Betrieb hat in den letzten zwei Jahren einen langen Reorganisationsprozess durchgemacht. Könnten Sie vielleicht einfach mal schildern, wie dieser Prozess abgelaufen ist? Wie sah das aus? Was ist da passiert?

Sie sind Leiterin der Abteilung Jugendhilfe bei der Gemeinde. Könnten Sie mir erzählen, wir Ihr beruflicher Werdegang aussieht? Welche Stationen haben Sie durchlaufen, bis Sie in diese Position gelangt sind?

Wie *spezifisch* sollten Erzählaufforderungen sein? In vielen qualitativen Interviewformen wird häufig mit eher unspezifischen Narrationsaufforderungen gearbeitet, um zu verhindern, dass die Forscher den Befragten von vornherein eine bestimmte inhaltliche Richtung aufoktroyieren, die gar nicht den eigenen Orientierungen und Relevanzen der Befragten entsprechen.

Aber je nach Interaktionstypus und Rollenerwartung kann es im Experteninterview geradezu irritierend wirken, mit allzu allgemeinen Erzählaufforderungen zu arbeiten. Trinczek hat überzeugend beschrieben, wie bei Interviews mit Managern die Befragten die Erwartungen an die Interaktionssituation aus ihren Arbeitserfahrungen übertragen, und das heißt: präzise Fragen erwarten und schnelle Antworten geben. Trinczek hält Erzählaufforderungen in diesem Kontext überhaupt für nur sehr schwer durchführbar (Trinczek 2009).

Letzteres trifft zwar wohl vor allem deshalb zu, weil Trinczek offenbar eine Interviewerwahrnehmung als Co-Experte anstrebt bzw. eine solche Interaktionsform stabilisieren will. Wenn man „auf gleicher Augenhöhe" agieren will, wenn man selbst als „Manager-Typ" wahrgenommen werden will, dann muss man diese Rollenerwartungen erfüllen; und es gibt ja gute Gründe, das auch tun zu wollen, weil eine solche Interaktionssituation eben auch Vorteile hat (Pfadenhauer 2009).

Wenn man aber auch andere Rollen- und Kompetenzzuschreibungen akzeptiert, dann können Narrationen durchaus sinnvoll und erfolgversprechend sein. Dass dies vielleicht Irritationen des Befragten hervorruft, muss nicht immer problematisch sein, solange das nicht für den weiteren Erhebungsprozess Nachteile hat und nicht grundlegende forschungsethische Prinzipien verletzt werden. In anderen Berufskontexten sind Erzählaufforderungen zudem weniger unerwartet oder künstlich und daher weniger irritierend. (In manchen Kontexten ist monologisieren ja auch eine geübte und erwartete Tätigkeit.)

Generell gilt: Je unspezifischer die Erzählaufforderung ist, desto eher wird der Interviewer als „Laie" wahrgenommen, also als jemand, der vielleicht interessiert ist, aber nicht recht präzisieren kann, um was es ihm eigentlich geht. Co-Experten können je nach beruflichem Kontext weniger mit Narrationen arbeiten, sie müssen sich eher an die fachlichen oder professionellen Normen des Berufsfelds der Befragten anpassen.

b. Stellungnahmen und Bewertungsfragen
Stellungnahmen und Bewertungsfragen sind solche Fragen, die sich nicht auf konkrete eigene Ereignisse und Erlebnisse beziehen, sondern abstrakter sind. Sie zielen weniger auf Beschreibungen, sondern auf Einschätzungen und normative Beurteilungen. Die Expertinnen werden also befragt, wie sie einen bestimmten Sachverhalt bewerten („Was halten Sie vom neuen Betriebsverfassungsgesetz?", „Wie beurteilen Sie…?").

Derartige Fragen sollten immer auf einen konkreten Sachverhalt bezogen bleiben. Ein allzu hohes Abstraktionsniveau führt dazu, eher rhetorische Darstellungen zu provozieren, die mit der tatsächlichen Handlungspraxis der Befragten nur wenig zu tun haben. Solange es uns also nicht um genuine Rechtfertigungsdiskurse geht, sondern eher um handlungspraktische normative Orientierungen, ist eine Konkretisierung des Fragegegenstands sinnvoll. Es sollte vor allem vermieden werden, die eigene Forschungsfrage direkt an die Befragten weiterzugeben.

Beispiel 1

Sie möchten die handlungsleitenden Orientierungen „guter Berufspraxis" des Leitungspersonals von Erziehungseinrichtungen rekonstruieren, also gewissermaßen die normativen Prinzipien, die der professionellen Arbeit unterliegen (Forschungsfragestellung). Sie könnten die relativ unspezifische Frage stellen: „Was sind für sie die normativen Grundlagen Ihres Berufs?" oder etwas konkreter „An welchen Idealen und Prinzipien orientieren Sie sich bei Ihrer Arbeit?" und werden gewiss Antworten darauf erhalten – häufig bestehen ja für derartige Einrichtungen auch entsprechende Leitlinien und Grundsätze. Besser konkretisiert könnte die Frage auch lauten „Was macht für Sie einen guten Einrichtungsleiter aus?". Auch dies ist allerdings noch eine sehr anspruchsvolle Frageformulierung. Die Interviewerin verlangt hier, dass die Abstraktionsleistung vom Befragten selbst erbracht wird: Er soll in allgemeinen Prinzipien formulieren, was eine gute Berufspraxis definiert. Diese Abstraktionsleistung ist aber gerade unsere Aufgabe als Soziologen.

Wir empfehlen daher ein rekonstruierendes Vorgehen anhand konkreter Fälle und Beschreibungen. Zum Beispiel: „Wenn Sie sich in Ihrem Umfeld umsehen – gibt es da einen Einrichtungsleiter, der für Sie ein Vorbild ist oder den Sie bewundern? Was macht diese Person aus?". Oder: „Erinnern Sie sich an Arbeitstage, an denen Sie besonders zufrieden mit sich waren? Wo Ihnen Ihre Arbeit besonders gut gelungen ist?"

Beispiel 2

Wenn Ihre Forschungsfragestellung beinhaltet, den Begriff von Behinderung von verschiedenen Akteuren – z. B. Ärztinnen, Betreuern – zu untersuchen, werden Sie verleitet sein, Ihre Interviewpersonen direkt damit zu konfrontieren: „Was heißt für Sie eigentlich Behinderung? Was verstehen Sie darunter?" Besser ist es, die Befragten in Beschreibungen und Diskussionen über konkrete „Fälle" oder Behinderungsformen zu verwickeln und anhand dieser Schilderungen den implizit verwendeten Behinderungsbegriff zu erarbeiten.

Beispiel 3

Ihre Forschungsfragestellung lautet: Was sind die Prinzipien guter Lehre für Universitätsprofessoren? Eine praxisorientierte Frage würde hier lauten: „Wenn Sie zurück denken: Was war in Ihrer Lehrpraxis ein besonders gelungenes Seminar? Warum? Könnten Sie den Seminarverlauf näher beschreiben?"

Zwar kann auch die Weitergabe abstrakter Forschungsfragen im Interview durchaus gelingen („gelingen" in dem Sinne, dass die Befragten hieraus ausführlich zu antworten wissen). Aber womöglich produziert sie ganz andere Ergebnisse als Bewertungen, die in konkrete Beschreibungen eingebettet sind.

Qualitative Sozialforschung ist üblicherweise *„rekonstruktive Sozialforschung"* (Bohnsack 2007), d. h. es geht darum, die Deutungsmuster, die die Befragten bei der Konstruktion von Wirklichkeit nutzen, zu „rekonstruieren". Das heißt, die uns interessierenden Deutungsmuster werden üblicherweise nicht direkt von den Befragten expressis verbis selbst formuliert, sondern sie „dokumentieren" sich in den Beschreibungen und Formulierungen der Befragten. Es ist die Aufgabe der Forscherin oder des Forschers, die Erzählungen und Beschreibungen in den Interviews z. B. auf zugrundeliegende Argumentations- oder Orientierungsmuster hin auszuwerten, zu verdichten, zu abstrahieren, zu generalisieren usw.

Bewertungen und Stellungnahmen sind gerade für deutungswissensorientierte Experteninterviews besonders relevant, also dann, wenn es uns um Interpretationen, Bewertungen, um normative Orientierungen geht (und weniger um Faktenwissen). Insgesamt ist unsere Empfehlung aber: Normative Bewertungen, Leitvorstellungen usw. lassen sich besser und valider in der Interpretation aus erzählenden und beschreibenden Passagen rekonstruieren. Vorrang sollten also zunächst erzählungsgenerierende Fragen erhalten, die anschließend durch Bewertungsfragen ergänzt und präzisiert werden.

c. Sondierungen
„Sondierungen" sind Fragen, die dazu dienen, Detaillierungen anzuregen und Präzisierungen einzufordern. Die Befragten sollen gewissermaßen beim Thema bleiben, aber einfach mehr, ausführlicher usw. beschreiben oder erklären. Sie haben also den Charakter von Nachfragen, die Leitfragen (etwa erzählgenerierenden) untergeordnet sind. Den Begriff der Sondierungen hat Witzel geprägt. Er unterscheidet zwischen „allgemeinen Sondierungen" und „spezifischen Sondierungen" (Witzel 1985, 2000; Witzel und Reiter 2012).

Allgemeine Sondierungen: Nach einzelnen Sachverhalten, die in der Erzählung nicht ausreichend geschildert werden, wird noch einmal nachgefragt (z. B. Frage nach Erfahrungsbeispielen; typische Fragen: „Was passierte da im Einzelnen? Könnten Sie das noch etwas genauer schildern, wie das im Einzelnen abgelaufen ist? Das würde ich gerne mal genauer wissen"). Dies hat einfach die Funktion, die Narrationen aufrechtzuerhalten oder fortzusetzen oder kleinere, ergänzende Narrationen anzuregen. Sehr geeignet ist hier die Frage nach Beispielen oder nach weiteren Erfahrungen.[5]

Spezifische Sondierungen: Sie dienen dazu, einzelne Erzählsequenzen oder Darstellungsvarianten genauer nachzuvollziehen und vor allem, weitere Erläuterungen und Bewertungen im Einzelnen zu erhalten. Ziel sind weniger weitere Erzählungen, sondern vielmehr konkrete Stellungnahmen. Die Interviewer beziehen sich dabei ganz konkret auf gerade eben von den Befragten dargestellte Aussagen.

Verständnisfragen: Hier werden Unklarheiten explizit thematisiert. Der Befragte soll einzelne Passagen verdeutlichen. Auch hier gilt in Bezug auf unsere Interaktionsstruktur: Der „Laie" und der „Kritiker" dürfen natürlich exzessiv fragen, für den Co-Experten ist es dagegen schwieriger – dieser Typus beruht ja auf der Zuschreibung von hoher Fachkompetenz, und das heißt, man kann schwer etwas fragen, was „man eigentlich wissen müsste".
Häufig verwendet man Verständnisfragen auch dazu, weitere Detaillierungen zu erzielen, auch wenn einem der Sachverhalt oder die Meinung nicht per se

---

[5] Im Übrigen sollte die Frage nach weiteren Beispielen, Anwendungsfällen, Vergleichsfällen usw. zum Standardrepertoire in Experteninterviews gehören – denn gerade Leute, die sich als Experten verstehen, reden gerne abstrakt. Konkretisierende Nachfragen stellen immer einen Praxistest dar: Werden uns eher allgemeine Prinzipien oder hehre Leitsätze präsentiert oder aber konkrete handlungsrelevante Dinge?

unverständlich ist oder man ihn eigentlich schon ganz gut kennt – man möchte jedoch weitere Erläuterungen oder man möchte die spezifische Sichtweise des Befragten über einen eigentlich allgemein bekannten Sachverhalt wissen. Die Interviewerin stellt sich also in gewisser Weise „dümmer" als sie wirklich ist[6] – mit den entsprechenden Folgen für die Rollenstruktur im Interview. Um den Effekt zu vermeiden, als „Laie" angesehen zu werden, kann man auch signalisieren, dass einem das Phänomen durchaus bekannt ist, nur dass man gerne die persönliche Sichtweise näher erläutert hätte (z. B. kann man fragen: „Was würden Sie denn ganz konkret unter XY verstehen? In der Debatte wird ja gewöhnlich behauptet, dass... Wie würden Sie...?" – So kann man eigenes Wissen demonstrieren und *zugleich* klar machen, dass man trotzdem noch Schilderungen erhalten möchte).

Begründungsaufforderungen sind gerade dann relevant, wenn es um Deutungswissen geht. Also: Welche Muster von Orientierungen stecken dahinter? Welche Bewertungsprinzipien? Hier gehören Fragen hin wie: „Was war die Ursache? Warum haben Sie so entschieden?" („Könnten Sie noch etwas genauer schildern, was die Gründe für die Maßnahme XY war? Was waren Ihre Motive, als Sie XY gemacht haben, als sie die Position vertreten haben?")

Zurückspiegelungen: Der Interviewer gibt für einzelne erzählte Abschnitte eine bilanzierende Zusammenfassung. Diese Zusammenfassungen sollen wiederum von der Befragten bewertet und kontrolliert werden. Auch hier stellt sich die Frage: Darf man das überhaupt? Vertreter des „Entfaltungsparadigmas", also qualitative Ansätze, die davon ausgehen, Hauptziel im Interview ist es, den Befragten möglichst viel Freiraum zu gewähren, um ihre eigenen Relevanzstrukturen frei entfalten zu können, lehnen solche Formen der Interviewführung komplett ab. Ullrich (1999) hingegen empfiehlt sogar, gezielt falsche oder überspitzte Zusammenfassungen zur Provokation einzusetzen. Dies ist nicht grundsätzlich abzulehnen. Nur: Man sollte sich der Konsequenzen für die Kompetenzzuschreibungen und der Interaktionsstruktur bewusst sein. Denn entweder, man gilt dann als „potenzieller Kritiker", wenn einem Böswilligkeit unterstellt wird (eine bewusst falsche Zusammenfassung), oder man wird als „Laie" angesehen. Ein akzeptierter „Co-Experte" dagegen kann nur schwer mit unkorrekten Zurückspiegelungen arbeiten.

Konfrontationsfragen: Hier weist die Interviewerin ausdrücklich auf Ungereimtheiten und Widersprüchlichkeiten in der Schilderung der Befragten hin und bittet um nähere Erläuterungen („Sie hatten vorhin aber gesagt, dass XXX – ist das nicht ein Widerspruch zu YYY?"). Je nach erwünschter oder bestehender

---

[6] In anderem Zusammenhang hat Hitzler gar „Dummheit als Methode" eingefordert (Hitzler 1991).

Wahrnehmungsstruktur können die Konfrontationen stärker und schärfer oder weniger scharf eingesetzt werden. Gerade der „Kritiker" kann konfrontativ fragen, zumeist aber auch der „Co-Experte". Häufig sind gerade Experten als Gesprächspartner ja von ihrem professionellen Umgang gewöhnt, mit Einwänden und Kritik umzugehen und darauf zu reagieren, ohne dass dies als persönlicher Angriff gewertet wird und daher die Gesprächsatmosphäre beeinträchtigt.

Sondierungen sind Fragen, die in der Regel vergleichsweise spontan in der Gesprächssituation gestellt werden; sie lassen sich nur schwer standardisieren oder vorausplanen.

d. Fragen nach Daten
Häufig gibt es auch bei offeneren Interviewformen wie bei theoriegenerierenden Experteninterviews bestimmte einzelne Daten, die man mehr oder weniger strikt „abfragen" muss, die aber nicht den Kern des Gesprächs ausmachen. Das sind z. B. personenbezogene statistische Angaben (Alter, Organisationszugehörigkeit, Ausbildung usw.), formale Informationen zur Organisation (Größe, Umsatz, Beschäftigtenzahl) etc. Es empfiehlt sich, solche stärker standardisierten Elemente ans Ende des Interviews zu stellen, gleichsam nach Abschluss des genuin qualitativen Teils. Denn auf diese Weise wird die Interviewsituation nicht durch einen Wechsel des Fragemodus belastet. Zudem empfiehlt es sich sowieso, hier „validere" Quellen zu Rate zu ziehen, also lieber den Geschäftsbericht des Unternehmens zu Umsatzdaten zu konsultieren als den Geschäftsführer danach zu fragen.

Ist die Erhebung solcher Daten unabdingbar (z. B. aufgrund fehlender zugänglicher Informationsquellen), kann durchaus auch ein kurzer standardisierter Fragebogen zum Einsatz kommen. Auf den Wechsel des Interviewtypus sollte ausdrücklich hingewiesen werden (z. B. „Ich bräuchte noch ein paar statistische Angaben zu Ihrem Unternehmen/ Ihrer Klinik/ Ihrer Abteilung/ Ihrem Fachbereich. Könnten wir vielleicht zum Abschluss das gemeinsam ausfüllen?")

e. Thematische Steuerung im Interview
Gewöhnlich gliedert sich das Interview in unterschiedliche Themenblöcke. Wie gelangt man von einem Themenbereich zum nächsten? In der qualitativen Methodenliteratur wird häufig empfohlen, hier mittels sanfter Steuerung vorzugehen. Man kann z. B. mit „Wiederaufnahmen" von bereits Gesagtem arbeiten oder „Anknüpfungsfragen" stellen, um behutsam überzuleiten („Sie haben ja vorhin schon angesprochen... Ich würde gerne nun etwas ausführlicher darauf zu sprechen kommen ..., Sie hatten schon erwähnt, dass ...").

Es gibt unserer Erfahrung nach in der Praxis allerdings kaum Probleme mit „Sprüngen" zu neuen Themen – wenn man das explizit klar macht und nicht zu häufig einsetzt. Häufig ist das sogar die bessere Wahl, weil die Befragten dann explizit wissen, dass Äußerungen zum neuen Thema ausdrücklich gewünscht und erwartet sind. Solche Fragen heißen in der Literatur „Ad-Hoc-Fragen" (Witzel 1985) oder „mutierende Fragen" (Merton et al. 1990).

In der Regel ist es sinnvoll, ein neues Thema wieder durch erzählungsgenerierende Fragen, ggfs. auch mit Bewertungen zu eröffnen und dann weiter mit Sondierungen zu arbeiten. Meistens stellt man an den Anfang Fragen, auf die längere Antwortpassagen möglich sind, und arbeitet sich dann gewissermaßen zu kleinschrittigeren Fragen vor.

Schwieriger als ein expliziter Themenwechsel ist ein unkoordiniertes hin- und zurückspringen („Laien"-Gefahr). Es empfiehlt sich, frühzeitig explizit Themen zurückzustellen, wenn der Befragte vorgreift. Man signalisiert also Interesse, verweist aber zugleich auf später („Sehr interessant, dass Sie XY angesprochen haben. Dazu habe ich noch eine Menge Fragen später. Aber ich würde im Moment erst einmal bei Z bleiben").

Wie viel Steuerung ist im Interview überhaupt erlaubt? In der Literatur zu qualitativen Methoden wird häufig eine Rücknahme, fast schon eine Unsichtbarkeit der Interviewerin gefordert. Die Befürchtung ist, durch falsche Relevanzsetzungen im Interview die Orientierungen der Befragten nicht zum Zuge kommen zu lassen oder Erzählungen abzubrechen. Zwar ist dies durchaus richtig, aber verlangt ist vom Interviewer keinesfalls Passivität! Eine zu starke Rücknahme ist gerade im Experteninterview – also wenn wir Leute befragen, die in öffentlicher Rede geübt sind – häufig nicht sinnvoll. Zunächst einmal sind hier die Gefahren geringer: Die Gesprächspartnerinnen sind in der Regel überhaupt nicht eingeschüchtert oder grundsätzlich passiv. Dagegen gilt: Wer viel fragt und auch explizit steuert, wirkt engagiert, signalisiert Interesse, macht deutlich, dass der Gesprächspartner relevante Sachen äußert. Nachfragen und auch Steuerung sind ein Anzeichen, dass mir der Interviewpartner wichtig ist. Es ist eine Form der Wertschätzung, die wiederum zu „Gegenleistungen" anregt. Ein Interview ist immer eine Reziprozitätskonstellation: Zeigt die Interviewerin Interesse und Engagement, wird der Befragte sich auch darum bemühen.[7]

---

[7] In ähnlicher Weise argumentiert auch (ohne Bezug auf Expertenbefragungen) Kaufmann (1999).

Auswertungsverfahren für Experteninterviews 6

Für die Auswertung von Experteninterviews gibt es (noch) kein kanonisiertes Verfahren. Das heißt, bislang hat sich keines der bekannten Auswertungsverfahren qualitativer Sozialforschung zu *der* experteninterview-spezifischen Methode entwickelt; es hat sich auch noch keine eigenständige Auswertungsmethode spezifisch für Experteninterviews herausgebildet. Im Prinzip können daher alle Auswertungsverfahren zur Anwendung kommen, z. B. Code-basierte Verfahren wie sie in der Grounded Theory oder in der qualitativen Inhaltsanalyse üblich sind. Es können aber auch sequenzanalytische Verfahren zur Anwendung kommen, wie dies etwa im Rahmen der hermeneutischen Wissenssoziologie oder der objektiven Hermeneutik der Fall ist (vgl. dazu die entsprechenden Beiträge in Flick et al. 2003). Auch Kombinationen von Auswertungsmethoden sind möglich.

Grundsätzlich gilt, dass Auswertungsverfahren (ebenso wie die Erhebungsmethoden) mit spezifischen theoretischen Traditionen bzw. sozialwissenschaftlichen Schulen verbunden sind. Außerdem muss man beachten, dass jedes Verfahren einem spezifischen Forschungskontext entstammt. Schließlich werden Methoden entwickelt, um spezifische Probleme in der Forschungspraxis zu lösen und sind daher von einer bestimmten Perspektive oder Fragestellung geprägt. Das heißt, es sind oftmals Adaptionen notwendig, um bestimmte Vorgehensweisen und Methoden für die eigenen Zwecke praktikabel zu machen. Insofern handelt es sich bei den Auswertungsverfahren nicht einfach um standardisierte Instrumente, die beliebig benutzt werden können. Vielmehr sind sie methodologisch begründete und systematisierte Verfahren, die im Blick auf das spezifische Forschungsvorhaben jeweils adaptiert werden müssen. Methoden und methodische Anleitungen liefern also keine Rezepte, sondern sie bieten allenfalls Leitlinien, an denen sich die Forscherinnen orientieren können.

Auch wenn die Wahl des Auswertungsverfahrens vom jeweiligen Forschungsinteresse abhängt, so lassen sich für die Auswertung von Experteninterviews doch klare Präferenzen begründen – und zwar abhängig von der jeweiligen Funktion des Experteninterviews im Forschungsdesign. Für informatorische Interviews ist insbesondere die qualitative Inhaltsanalyse geeignet (6.1) Für theoriegenerierende Interviews empfehlen wir Kodierverfahren, die an der Grounded Theory angelehnt sind (6.2). Abschließend wird der Einsatz von Computerprogrammen in der qualitativen Forschung diskutiert (6.3).

6.1 Auswertungen zu Informationszwecken

Experteninterviews, wir haben es eingangs erwähnt, können unterschiedlichen Forschungszwecken dienen. In der Forschungspraxis wird das Experteninterview sehr oft mit dem Ziel der Informationsgewinnung eingesetzt – sei es in Form des systematisierenden oder des explorativ-informatorischen Experteninterviews (siehe Kap. 3). Wenn es um Informationsgewinnung geht, ist die *qualitative Inhaltsanalyse* das Auswertungsverfahren der Wahl. Eine Begründung dieses Zusammenhangs sowie eine ausführliche Beschreibung dieser Methode finden sich in dem Lehrbuch von Gläser und Laudel (2004). Auf dieses Buch sei verwiesen, wer sich genauer (und anhand detaillierter Beispielfälle) über die einzelnen Verfahrensschritte der qualitativen Inhaltsanalyse kundig machen will.

Im Rahmen unserer Einführung kann es nur darum gehen, eine grundsätzliche Idee davon zu vermitteln, wie die Auswertung von Experteninterviews zu Informationszwecken funktioniert. Das heißt, wir wollen in erster Linie darauf aufmerksam machen, welcher Forschungslogik man folgt, welche Fragen man verfolgen darf (und welche nicht), wenn man die qualitative Inhaltsanalyse anwendet. Dass die Inhaltsanalyse oft nicht dem eigentlichen Kern der qualitativen Sozialforschung zugerechnet wird, liegt an den divergierenden Konzeptionen, wie eine sprachliche Äußerung im Interview aufzufassen ist. Wird sie als ein „hartes" Datum verstanden, sprich: als ein Faktum oder aber als ein primär deutungsbedürftiges Konstrukt, das seinerseits auf Deutungen rekurriert?

Die Inhaltsanalyse fokussiert auf Informationen, das heißt, das Wissen der Experten wird als eine Ansammlung von Informationen konzeptualisiert. Diese Informationen mögen im Einzelfall zwar selektiv sein und manchmal widersprüchlich (deshalb führt man mehrere Interviews), doch im Prinzip geht man davon aus, dass das Expertenwissen in der Lage ist, die Welt richtig abzubilden. Von einem interpretativ-konstruktivistischen Standpunkt aus mag das naiv erscheinen, doch für Interviews, die auf Informationsgewinnung abzielen, ist das nur funktional. Wenn man wissen will, wie viele Frauen und Männer in einem Unternehmen tätig sind, ist es wenig hilfreich, die gängige Geschlechterdifferenz zu dekonstruieren. Man wird vielmehr die Differenz als ein Faktum begreifen. Fakten, so können wir daraus schließen, entstehen dann, wenn man aufhört, weiter zu fragen – und dies gilt auch für Konstruktivisten. Denn irgendwann ist jeder gezwungen, ein weiteres Hinterfragen aufzugeben.

Mithilfe der qualitativen Inhaltsanalyse sucht man Antworten auf Fragen wie zum Beispiel: Wie lief die Geschichte damals denn wirklich ab? Was ist da passiert? Es geht darum, wie Gläser und Laudel (2004) schreiben, „soziale Sachverhalte" zu rekonstruieren. Rekonstruktion meint in diesem Zusammenhang: die Wahrheit über bestimmte Zustände bzw. Prozesse herauszufinden. Im Vordergrund steht dabei der Versuch, über die systematische Analyse und den Vergleich der Informationen, die die Experten geliefert haben, Kausalabhängigkeiten aufzudecken. Die Basisfrage lautet: Welche Faktoren haben dazu beigetragen, dass das Ereignis XY eingetreten ist?

Um Fragen dieser Art beantworten zu können, entwerfen Gläser und Laudel – in enger Anlehnung an das Konzept von Mayring (2000) – ein fünfstufiges Auswertungskonzept. Die Auswertung zielt darauf, die Interviewtexte so „umzubauen", dass sie zu einer tragfähigen Informationsbasis werden, um die Forschungsfrage beantworten zu können. Im Zentrum dieses Konzepts steht – so wie bei jedem inhaltsanalytischen Vorgehen – die Anwendung eines Kategoriensystems auf das zu untersuchende Material. In diesem Sinne folgt die Inhaltsanalyse – anders etwa als hermeneutische Verfahren – einer „Top-down"-Logik. Das heißt jedoch nicht, dass das gesamte Material einfach einem starren System unterworfen würde. Tatsächlich müssen sich die Kategorien am Material bewähren, und sie müssen außerdem revidierbar sein. Dies macht einen Großteil der qualitativen Analyse aus.

Fragestellung und Materialauswahl In einem ersten Schritt sind die Fragestellung sowie die konkrete Frageperspektive zu bestimmen. Letzteres heißt, dass man festlegen muss, unter welcher Perspektive der Interviewtext zu lesen ist. Im Fall informatorischer Experteninterviews soll in der Regel etwas über den Inhalt der Expertenrede ausgesagt werden (und nicht etwa über den emotionalen Zustand der Interviewten). Welche inhaltlichen Aspekte für uns relevant sind, wird durch die Definition der Forschungsfrage entschieden. Diese Forschungsfrage wird in der Regel in eine Reihe von Unterfragestellungen übersetzt. Im Anschluss daran muss definiert werden, welches Material analysiert werden soll. Es wird also ein Textkorpus definiert. Gerade bei informatorischen Experteninterviews wird man in der Regel selektiv vorgehen. Denn oft wird uns bereits im Zuge der Transkription der Interviews bzw. beim ersten Durchlesen bewusst, welche (Teile der) Interviews stichhaltige Informationen enthalten.

Aufbau eines Kategoriensystems Im zweiten Schritt wird ein Kategoriensystem entwickelt, das heißt, eine durch Abhängigkeitsbeziehungen strukturierte Vielzahl von

Kategorien. Das Kategoriensystem enthält also die einzelnen Kategorien sowie ihre Beziehungen zueinander (beispielsweise in den Dimensionen von Ursache und Wirkung). Dieses Kategoriensystem ergibt sich in der Regel aus einem Erklärungsmodell, das in Auseinandersetzung mit der relevanten Fachliteratur entwickelt wurde. Die einzelnen Variablen dieses Erklärungsmodells repräsentieren – auf der Ebene der Auswertung – jene Kategorien, anhand derer die Interviewtexte auf relevante Informationen durchsucht werden. Man arbeitet also mit einem ex ante feststehenden Kategoriensystem, das jedoch prinzipiell offen ist. Es können neue Kategorien konstruiert oder die Dimensionen existierender Kategorien verändert werden. Natürlich wäre im Prinzip auch induktive Kategorienbildung denkbar; doch alle in der Literatur berichteten Anwendungen beziehen sich auf das deduktive Modell.

Extraktion Im dritten Schritt geht es darum, die Interviewtexte systematisch „auseinander zu nehmen" und in ein thematisch geordnetes Konglomerat relevanter Informationen zu verwandeln. Zu diesem Zweck werden die Texte auf zweckdienliche Informationen hin durchsucht, das heißt, die Rohdaten werden dem Kategoriensystem zugeordnet. Das Ziel besteht darin, aus den verschiedenen Ursprungstexten eine integrierte Informationsbasis zu machen. Denn in diesen Informationen liegt der Schlüssel für die Beantwortung der Forschungsfrage. Dieses Herausfiltern von Informationen (oder Extraktion) ist ein zentraler Interpretationsschritt, schließlich beruht die Entscheidung darüber, ob in einer Textpassage relevante Informationen enthalten sind oder nicht, notwendigerweise auf einer Interpretation. In der Praxis werden Entscheidungszwänge entstehen, weil eine Textpassage oft mehreren Kategorien zugeordnet werden kann. Um diese Problematik zu entschärfen, entwickelt man Regeln, die Festlegungen darüber enthalten, wie man im Einzelfall vorzugehen hat. Diese „Extraktionsregeln" enthalten genaue Definitionen der Kategorien sowie konkrete Beispiele.

Aufbereitung der Daten Im vierten Schritt geht es im Kern darum, die Qualität der Datenbasis zu verbessern. Das heißt, es werden über verschiedene Interviews verstreute, aber inhaltlich zusammenhängende Informationen zusammengefasst; es werden redundante Informationen reduziert; und es werden offensichtliche Fehler korrigiert, sofern im Textvergleich deutlich wird, dass sich ein Interviewpartner getäuscht hat.

Auswertung Am Ende steht die Beantwortung der Forschungsfrage auf Basis der aufbereiteten Daten. Im Zentrum steht jetzt die Fallrekonstruktion, das heißt die Analyse von Fällen im Hinblick auf Kausalmechanismen und Kausalzusammenhänge. Die maßgebliche Frageperspektive lautet: Welche Faktoren haben zu diesem

oder jenem Ergebnis geführt? Welche Ursachen haben welche Wirkungen her-
vorgerufen? In diesem Interpretationsschritt bewegen wir uns von der Ebene der
berichteten Kausalitäten auf die Ebene der realen Kausalitäten. Anschließend geht
es dann auch um eine vergleichende Analyse von Fällen: Welche Kausalfaktoren
treten in allen Fällen auf, welche nur gelegentlich? Lassen sich bestimmte Regel-
muster in den verschiedenen Fällen finden? Das Ziel besteht darin, ein allgemeines
Kausalmodell zu entwickeln, das sowohl die Gemeinsamkeiten als auch die Varian-
zen zwischen den einzelnen Fällen erklärt.

Eines wird in dieser Kurzdarstellung sogleich deutlich: Die qualitative Inhaltsanalyse ist – im Vergleich zu hermeneutischen Verfahren – durch eine starke
Schematisierung charakterisiert. Diese Regelgeleitetheit erklärt sich durch einen
Wissenschaftlichkeitsanspruch, der an den quantitativen Methoden orientiert ist.
Oberstes Ziel ist es, dem Gebot der intersubjektiven Nachvollziehbarkeit Genüge
zu tun. Die eigenen Interpretationen sind daher am besten innerhalb einer größeren Gruppe von Auswertenden zu prüfen (sog. Intercoder-Reliabilität). Der nahe-
liegende Vorwurf gegenüber inhaltsanalytischen Verfahren lautet, dass sie in ihrer
Interpretation auf der Ebene des manifesten Sinns bleiben, sprich: an der Oberflä-
che. Latente Sinnstrukturen lassen sich mithilfe der Inhaltsanalyse nicht erschließen. Aber das ist bei den zu Informationszwecken geführten Experteninterviews ja
auch gar nicht das Ziel.

6.2   Auswertungen zur Theoriegenerierung

In diesem Buch haben wir uns für die Position stark gemacht, dass Experteninterviews bei weitem nicht nur zu Informationszwecken dienen können. Unter dem
Titel des theoriegenerierenden Experteninterviews haben wir dafür plädiert, dass
Experteninterviews ein geeigneter Ausgangspunkt für die Entwicklung von Theorien sein können, zumindest für Theorien mittlerer Reichweite. Das heißt, es ist im
Prinzip möglich, anspruchsvolle Theoriebeiträge auf der Grundlage von Daten zu
entwickeln, die ausnahmslos oder vorwiegend mit Hilfe von Experteninterviews
produziert wurden.

Für diesen Zweck allerdings ist es zentral, die Aussagen der Experten nicht als
Fakten oder Sachinformationen, sondern als Deutungswissen zu verstehen (vgl.
Kap. 3). Expertenwissen als Deutungswissen zu konzeptualisieren heißt in methodischer Hinsicht, im Prozess der Auswertung von der manifesten Ebene (Text) auf
die latente Ebene (Strukturen) zu schließen, also zu analysieren, was sich an impliziten Handlungsorientierungen und Normen hinter den Aussagen der Experten
verbirgt. Es geht, kurz gesagt, um die Rekonstruktion der Bedeutung von Expertenaussagen im Hinblick auf die sie bedingenden Strukturen.

Experteninterviews, die dieser Logik entsprechen, lassen sich der rekonstruktiven Sozialforschung zuordnen (vgl. Bohnsack 2007), sie sind, mit anderen Worten, Teil einer genuin qualitativen Sozialforschung. Der zentrale Grundsatz dieser qualitativen Sozialforschung lautet: Die Realität ist nicht einfach eine Ansammlung von Dingen und Relationen, sprich: von „einfach" vorliegenden Fakten, die durch die Forschung möglichst wirklichkeitsgetreu und verzerrungsfrei abgebildet werden kann und soll. Die Wirklichkeit ist vielmehr ein Resultat vielfältiger Aushandlungsprozesse über die Bedeutung der Dinge, kurz gesagt: eine Interpretationsleistung der Subjekte bzw. deren Konstruktion. Genau deshalb interessiert sich die qualitative Sozialforschung für Deutungen und Interpretationen, weil diese als wesentliche Basis für das Funktionieren der sozialen Wirklichkeit gelten. Wenn man also davon ausgeht, dass soziales Handeln im Wesentlichen durch jene (oft gar nicht bewussten) Werte und Maximen strukturiert ist, die den konkreten Dingen und Prozessen überhaupt erst einen Sinn, eine Bedeutung verleihen, dann muss man in der Datenauswertung den Sprung von der manifesten auf die latente oder Bedeutungsebene vollziehen.

Bei der Auswertung theoriegenerierender Experteninterviews geht es denn auch nicht darum, Informationen oder gar die objektive Wahrheit über Dinge und Prozesse herauszufinden. Im Mittelpunkt steht vielmehr der Versuch, das Deutungswissen der Experten zu erschließen, also jene Prinzipien, Regeln, Werte zu identifizieren, die das Denken und Deuten der Experten maßgeblich bestimmen. Etwas über das Denken und Deuten der Experten zu erfahren ist deshalb interessant, weil wir ja davon ausgehen, dass sich das Handeln der Experten durch den Rekurs auf jene Bedeutungen erklären lässt, die den jeweiligen Dingen und Prozessen zugeschrieben werden.

Die Auswertung des theoriegenerierenden Experteninterviews ist also von einer spezifischen Forschungshaltung getragen, die sich im Rekurs auf die Grounded Theory (Glaser und Strauss 1998) recht prägnant charakterisieren lässt. Grundsätzlich geht es in dieser Perspektive darum, die Daten nicht den vorgefassten Konzepten oder Theorien zu subsumieren – entsprechend einer „Top-down"-Strategie –, sondern vielmehr ausgehend von den Daten („Bottom-up") und in größtmöglicher Offenheit gegenüber vielfältigen Interpretationsmöglichkeiten eine plausible und theoretisch anspruchsvolle Lesart der sozialen Logik von Expertenpraktiken zu entwickeln.

Es ist an dieser Stelle nicht notwendig, im Detail auf die Grounded Theory einzugehen. Es gibt dazu reichhaltige Literatur, und zwar von den Erfindern dieser Theorie (die eher so etwas wie ein Forschungskonzept ist) selbst (z. B. Glaser und Strauss 1993; Strauss und Corbin 1996), und es gibt sehr gute Überblicksdarstellungen in den einschlägigen Handbüchern, auch über die Weiterentwicklung der Grounded Theory (z. B. Mey und Mruck 2011; Charmaz und Belgrave 2012). Sich

mit den Grundprinzipien dieser „gegenstandsnahen Theoriebildung" vertraut zu
machen, ist allerdings hilfreich, um die – für viele qualitative Methoden maßgebliche – induktive Forschungslogik und die damit verbundenen Arbeitstechniken
besser zu verstehen.

Die Grounded Theory liefert kein elaboriertes Design für qualitative Forschung,
und sie bietet auch kein Kochrezept zur Theoriebildung an.[1] Ihre Bedeutung ist im
Wesentlichen epistemologischer Art: Sie skizziert einen bestimmten Zugang zur
sozialen Welt, einen bestimmten Stil, sich der sozialen Realität zu nähern, über sie
nachzudenken. Ihren Begründern ging es in methodologischer Hinsicht zunächst
ganz wesentlich darum, die qualitative Forschung als eine selbständige Form der
Theoriegenerierung zu begründen, sie von der Fron zu befreien, „Handlanger-
dienste für quantitative Sozialforschung" (Glaser und Strauss 1993, S. 92) leisten zu
müssen. In strikter Abgrenzung zu deduktiven Modellen der Theoriebildung, die
sich am naturwissenschaftlichen Ideal orientieren, verfolgt die Grounded Theory
einen induktiven Ansatz, und zwar im Sinne der Entwicklung generalisierender
Aussagen auf der Basis von Einzelbefunden.

Zu den expliziten Kodier- und Analyseverfahren haben Glaser und Strauss in
der Frühphase ihres Konzeptionsentwurfs nichts gesagt. (Und Glaser hat sich in
den Folgejahren auch explizit geweigert, die Theorie in einen Katalog konkreter
Forschungsmethoden zu übersetzen.) Mit dem Lehrbuch von Strauss und Corbin
(1996) liegt jedoch mittlerweile der Versuch vor, aus dem Geist der Grounded Theory ein detailliertes Regelwerk für die qualitative Forschung zu entwerfen. Dieses
Regelwerk liest sich nicht einfach als lineare Entfaltung der frühen, grundsätzlichen
Annahmen, sondern ist stellenweise durchaus als eine Korrektur der basalen Pro-
grammatik zu verstehen.

Das methodische Herzstück der Grounded Theory ist das aufwändige Kodieren
der Daten. Das Kodieren dient der analytischen Reorganisation von Daten: Das
Datenmaterial wird aus der Ordnung, die sich gleichsam natürlich durch den Ge-
sprächsablauf ergibt, gebracht und nach einer Phase der alltagslogisch und theoretisch angeleiteten Sortierung und Kategorisierung in eine neue Ordnung gebracht,
die aufgrund der Plausibilität von Kausalbeziehungen zwischen den einzelnen
Elementen mit – wenn auch hypothetischer – theoretischer Erklärungskraft belegt
sein soll. Im Idealfall kondensiert diese Konstruktionsarbeit in einer Dachkatego-
rie, die aufgrund ihrer Deutungsbreite ein neues soziologisches Konzept darstellt.
Aufgrund der induktiven Forschungslogik unterscheidet sich diese Form des Ko-

---

[1] Dies gilt umso mehr, als es *die* Grounded Theory nicht gibt. Dies verdeutlichten bereits die
beiden Gründer Glaser und Strauss, die jeweils unterschiedliche Ansätze verfolgten (Strübing 2011), sowie – in ihrer Nachfolge – Charmaz (2011) und Clarke (2011) mit ihren Wei-
terentwicklungen der Grounded Theory.

dierens recht deutlich von der qualitativen Inhaltsanalyse, die im Prinzip ebenfalls eine – allerdings subsumtionslogische – Variante des Kodierens darstellt.

In Anlehnung an die Grounded Theory haben Meuser und Nagel (2005) ein Auswertungskonzept für Experteninterviews entwickelt, das wir aufgrund seiner Praktikabilität im Folgenden kurz darstellen wollen. Auch wenn man in der Praxis vielleicht nicht allen vorgeschlagenen Schritten im Detail folgen will, so vermittelt dieses Auswertungskonzept doch eine grundlegende Idee davon, wie man systematisch vom rohen Transkript zu datenbasierten und theoretisch anspruchsvollen Aussagen gelangt. Dieses Auswertungskonzept empfiehlt sich gerade auch in Fällen, wo wir mit größeren Datenmengen zu tun haben und daher nicht – im Stil der Sequenzanalyse – eine intensive Einzelfallanalyse planen, sondern eine vergleichende Auswertung von vielleicht einem Dutzend oder mehr Experteninterviews im Sinn haben.

Das zentrale Ziel dieser Auswertungsstrategie besteht darin, im Vergleich der vorliegenden Experteninterviews das „Überindividuell-Gemeinsame" (Meuser und Nagel 2005, S. 80) der Expertendeutungen herauszuarbeiten, das heißt: gemeinsam geteilte, gewissermaßen typische Wissensbestände, Relevanzstrukturen und Deutungsmuster zu rekonstruieren. Der jeweilige Interviewtext bzw. der oder die Befragte interessieren uns daher nicht in seiner Besonderheit, vielmehr wird der befragte Experte als Repräsentant seiner „Zunft" behandelt. Der Einzeltext ist darum nicht in seiner Sequenzialität von Interesse, sondern aufgrund jener thematisch relevanten Passagen, die sich in ähnlicher Form auch in anderen Interviewtexten finden und daher Vergleiche quer über die Interviews hinweg ermöglichen. Die Vergleichbarkeit von Textpassagen ist dabei kein Zufall, sondern durch den Leitfaden und den gemeinsamen organisatorisch-institutionellen Kontext der Experten gesichert.

Kodieren Im ersten Schritt geht es um eine textnahe Titulierung von Abschnitten, das heißt, es werden Problembereiche identifiziert, die oftmals den Fragen des Leitfadens zugeordnet werden können; themengleiche Passagen werden unter Hauptüberschriften sortiert. Diese Codes können zum Beispiel auch „in vivo-Codes" sein, also metaphorische Verdichtungen, die dem Material selbst entnommen werden. Es können natürlich auch mehrere Überschriften bzw. Codes pro Texteinheit gewählt werden, sofern sich in der jeweiligen Passage mehrere thematisch relevante Aspekte überlagern. Soziologische Begriffe sollte man beim Kodieren vermeiden, um für Interpretationsmöglichkeiten offen zu bleiben, die sich jenseits der etablierten Konzepte und Theorien bewegen. Beim Kodieren wird die Sequenzialität des Textes zerrissen – das ist auch konsequent, denn es ist nicht z. B. der Ablauf eines Lebenswegs relevant (wie im biographischen Interview), die Erzählstruktur oder überhaupt die Chronologie des Gesagten, sondern es geht um die Materialität des Textes. Das Kodieren spielt sich auf der Ebene des Einzelinterviews ab.

Thematischer Vergleich Im zweiten Schritt bewegen wir uns über den Einzelfall hinaus. Ziel ist eine Sortierung themengleicher Passagen aus den verschiedenen Interviews. Daher wird nach vergleichbaren Passagen quer zu den Einzeltexten gesucht. Für die themengleichen Passagen (identifizierbar durch gleiche oder ähnliche Codes) werden dann gemeinsame, einheitliche Codes gesucht, wobei auch auf dieser Stufe soziologische Terminologie vermieden werden sollte. Da dieser Kodierschritt auf Basis des thematischen Vergleichs eine immense Verdichtung der Daten zur Folge hat, gilt es zur Vorbeugung gegen allzu schnelle Generalisierungen auch immer wieder zu fragen, an welchen Stellen sich Unterschiede und Widersprüche ergeben. Zwecks methodischer Selbstkontrolle sollte man daher Fragen stellen wie: Wo decken sich, wo unterscheiden sich die Expertenmeinungen? Welche Themen sprechen alle Experten an? Welche Themen nur ein Teil von ihnen? Was wird von wem ausgelassen?

Soziologische Konzeptualisierung Im dritten Schritt vollzieht sich die Ablösung von den textnahen Codes der Interviews, und wir bewegen uns auf die Ebene der wissenschaftlichen Abstraktion. Auf dieser Stufe werden verschiedene Dimensionen gemeinsamen Expertenwissens zusammengefasst und mithilfe soziologischer Kategorien gebündelt. Das heißt, es wird quer zu den vorliegenden Codes nach gemeinsamen oder ähnlichen Relevanzen, Typisierungen, Deutungen gesucht. Diese Systematisierung resultiert in neuen Kategorien oder Konzepten, die eine theoretische Beschreibung bestimmter Überzeugungen oder Werthaltungen der Experten erlauben. Damit verbindet sich ein ganz wichtiger Interpretationsschritt: Wir wechseln gewissermaßen von der Ebene der Selbstbeschreibung der Experten auf die Ebene der Fremdbeschreibung. Standen in den vorherigen Schritten vor allem die Systematisierung und Verdichtung von Expertenaussagen im Mittelpunkt, so geht es jetzt um die Entwicklung plausibler Lesarten der Expertenaussagen im Hinblick auf ihre soziologische Bedeutung. Die Kernfrage lautet: Welche Werthaltungen oder Deutungen kommen innerhalb bestimmter Codegruppen zum Ausdruck? Gesucht wird also nach Logiken des Expertendiskurses, die sich hinter dem Rücken der Experten abspielen. Mittels der soziologischen Konzeptualisierung der Expertenaussagen ist die Anschlussmöglichkeit an theoretische Diskussionen im Prinzip gegeben. Doch auch wenn zum Zweck der Verallgemeinerung theoretische, also materialfremde Begrifflichkeiten verwendet werden, die Verallgemeinerung bleibt immer noch eng auf das empirische Material bezogen.

Theoretische Generalisierung Im vierten Schritt begeben wir uns schließlich auf die Ebene soziologischer Theoriebildung. Hier geht man daran, die empirisch entwickelten Kategorien und Konzepte zu systematisieren und hinsichtlich ihrer Zusammenhänge zu interpretieren. Im Prinzip versucht man, einzelne soziologische

Konzepte als Elemente oder Sinndimensionen eines größeren Theorems zu fassen. Dies lässt sich anhand eines Beispiels aus dem Bereich der Medizinsoziologie illustrieren, wo wir die Etablierung non-direktiver Beratungskonzepte im Bereich der Pränataldiagnostik als Folge eines konstruktiven Umgangs der Experten mit Unsicherheit interpretiert haben (Bogner 2005): Die Konzepte „Erweiterte Autonomiespielräume", „Neue Ungewissheitszonen" und „Klientenorientierung" wurden miteinander in Beziehung gesetzt und in Hinblick auf ihre Bedeutung für die Erhaltung oder Reduktion der Asymmetrie im Arzt-Patient-Verhältnis interpretiert. Im Ergebnis schließlich wurden diese Konzepte als normative, kognitive und soziale Indikatoren für einen grundlegenden Wandel der Expertenmacht gelesen. Das heißt, es werden auf dieser Stufe Relationen bestimmt und schließlich die entdeckten Sinnzusammenhänge zu einer weiterreichenden These verknüpft.

Einen zentralen Auswertungsschritt, den Meuser und Nagel an den Anfang stellen, haben wir hier unterschlagen: die Paraphrase. Ihre Empfehlung lautet, das transkribierte Interview zunächst einmal mehr oder weniger ausführlich – je nach Bedeutung des thematischen Abschnitts – zu paraphrasieren. Das Ziel besteht in der Reduktion von Komplexität, sprich: in der Herstellung eines übersichtlichen und gut handhabbaren Textkorpus, in dem wichtige Themen ausführlicher, unwichtige jedoch gerafft dargestellt werden. Wir glauben jedoch, dass man sich mit dem Paraphrasieren mehr Probleme einhandelt als löst. Denn ob bestimmte Passagen wirklich wichtig oder tatsächlich unergiebig sind, merkt man erst in der Phase der Interpretation. Genau diese Überlegung spricht im Übrigen auch dafür, vollständige Transkriptionen anzufertigen. Schließlich erzwingt das selektive Transkribieren den interpretativen Vorgriff auf den Text.

Das theorie-generierende Auswertungsmodell zielt auf die Entwicklung von Konzepten aus den Interviewtexten heraus. Diese Konzepte, die im letzten Schritt dann auch theoretisch anschlussfähig werden, sind als analytische Kondensate von Sinndeutungen und Interpretation zu verstehen; sie lassen sich aus der Beschreibung von Prozessen, Handlungen und Entscheidungen seitens der befragten Expertinnen rekonstruieren. Im Prinzip zielt die beschriebene Auswertungslogik auf so etwas wie die Rekonstruktion eines „Gesamtbildes". In einigen wenigen Kategorien (oder, wie Strauss und Corbin, in einer einzigen) soll die Logik des uns interessierenden Prozesses oder Handlungszusammenhangs charakterisiert werden können.

Die dieser Auswertungslogik entsprechenden Forschungsfragen könnten lauten: Wie bewältigen Studierende aus so prekären Fächern wie der Soziologie oder Anthropologie den Übergang vom Studium in den Beruf? Oder: Welche Hindernisse ergeben sich bei der Implementation frauenpolitischer Maßnahmen in der Verwaltung (Meuser 1989)? In diesen Fällen berichten uns die befragten Experten über die Statuspassage einer bestimmten Gruppe bzw. über die Probleme, die sich aus der Veränderung von Routinen und Prozessen in Organisationen ergeben, und wir behandeln ihre Aussagen im Auswertungsprozess als eine durch (professionelle) Sozialisation, durch gesellschaftliche Werte und Normen geprägte Interpretation der Gesamtproblematik.

In anderen Fällen kann es um einen systematischen Fallvergleich gehen, das heißt die Forschungsfrage könnte lauten: Welches Ideal einer Arzt-Patient-Beziehung legen genetische Berater ihrer Beratungstätigkeit zugrunde? Oder: Welche Gerechtigkeitsvorstellungen liegen der Bewertung betrieblicher Leistungspolitik seitens maßgeblicher Akteure (Management, Beschäftigte, Betriebsrat) zugrunde (Menz 2009)? In diesen Fällen zielt unsere Fragestellung auf die Rekonstruktion typischer Ausprägungen von Wirklichkeit, das heißt: auf die Rekonstruktion von individuellen Positionen und Orientierungen, die die Soziologie allerdings stets als sozial strukturiert begreift – und nicht als eine originäre Kreation der Subjekte.

Forschungsfragen dieser Art also verlangen nach einer *typologisierenden Analyse*. Das Ziel könnte etwa (mit Blick auf Menz 2009) sein, eine Typologie von Gerechtigkeitsbegriffen in einem bestimmten Betrieb oder einer Branche zu entwickeln. Eine solche Typologie hat zur Voraussetzung, dass wir aus dem Datenmaterial heraus die innere Logik der einzelnen Typen entwickeln. Zu diesem Zweck gilt es zunächst zu analysieren, welche Themen in welchen Ausprägungen in den Interviews vorkommen (wir fragen die Gesprächspartner ja nicht einfach nach ihrem Gerechtigkeitsideal, sondern erschließen es anhand ihrer Ausführungen zu materialen Themen). Das heißt, die Interviews werden – genauso wie im oben beschriebenen Auswertungsmodell – kodiert und thematisch zusammenhängende Abschnitte unter gemeinsamen Codes oder Hauptüberschriften sortiert. Die (durch den Leitfaden vorstrukturierten) Themen weisen in aller Regel aufgrund der divergierenden Positionen und Einstellungen aller Befragten unterschiedliche Ausprägungen auf. Durch den kriterien-basierten Vergleich zwischen den Expertenaussagen kommt man zu einer Festlegung typischer Ausprägungen. Auf dieser Ebene hat man das Interviewmaterial zu einer Typologie hinsichtlich konkreter Positionierungen zu bestimmten Themen verdichtet (wobei bestimmte Themen und Ausprägungen als weniger relevant aussortiert werden dürften – ein wichtiger Interpretationsschritt). Das heißt, man bewegt sich noch auf der Ebene des Einzelfalls. Das Ziel besteht aber in einer komplexeren Typisierung von Gerechtigkeitsbegriffen, die vom Einzelfall abstrahiert und letztlich auch „ideologische" Gemeinsamkeiten (und Unterschiede) zwischen Gruppen (oder Teilgruppen) erkennbar werden lassen. Zu diesem Zweck muss man die Abhängigkeitsbeziehungen zwischen den gefundenen Ausprägungen analysieren, um so etwas wie „Ausprägungsbündel" zu entwickeln. Diese Ausprägungsbündel bestehen aus jeweils spezifischen Kombinationen von Ausprägungen, die aufgrund ihrer inneren Logik bzw. Kohärenz die maßgeblichen Dimensionen der Typenbildung darstellen.

In der genannten Studie wurden beispielsweise drei Gerechtigkeitsbegriffe – ein „konkret arbeitskraftbezogener", ein „abstrakt arbeitskraftbezogener" sowie ein „erfolgsorientierter" Gerechtigkeitsbegriff – rekonstruiert. Inwieweit die von uns konstruierten Ausprägungsbündel auch wirklich in sich stimmig und klar voneinander abgrenzbar sind, lässt sich nur im Rekurs auf den Einzelfall beurteilen. Zwecks Überprüfung sind wir also gezwungen, wieder ins Material zurückzugehen – auch diese rekursive Logik erinnert an die Grounded Theory.

Unser Vorgehen resultiert in der Konstruktion von Typen (in diesem Fall: typische Gerechtigkeitsbegriffe), die quer zu Einzelfällen und den Befragungspersonen liegen. In unserem Beispiel heißt das, dass am Ende nicht einfach den einzelnen Akteuren bestimmte Gerechtigkeitsvorstellungen zugeordnet werden. Es werden vielmehr maßgebliche Gerechtigkeitsbegriffe (re-)konstruiert, denen dann eine oder mehrere Gruppen oder Teilgruppen zugeordnet werden können. Der Mehrwert einer solchen Typisierung besteht ja darin, sehen zu können, ob Akteure, die qua sozialer Position und vermutetem Eigeninteresse eigentlich konträre Positionen beziehen müssten, in ihren Gerechtigkeitsvorstellungen vielleicht ungeahnte Gemeinsamkeiten aufweisen. Das heißt, ein bestimmter Typus kann die Denk- und Interpretationsweisen jeweils verschiedener sozialer Gruppen charakterisieren. Zugleich stellte sich in der fraglichen Studie allerdings heraus, dass es einen deutlichen Bezug zwischen den spezifischen Themenfeldern von Gerechtigkeitsurteilen und den jeweils hinter den konkreten Beschreibungen und Bewertungen liegenden Gerechtigkeitsbegriffen gibt – und zwar gewissermaßen quer zu den Interviews. Bewertungsgegenstand und Bewertungsprinzip scheinen also – relativ unabhängig von den jeweiligen Befragungspersonen – in einem deutungslogischen Zusammenhang zu stehen. Nachdem dieser Zusammenhang entdeckt war, konnte weiter gefragt werden, ob es Gemeinsamkeiten zwischen verschiedenen Themenfeldern, die unter Rückgriff auf die identischen Typen von Gerechtigkeitsbegriffen bewertet werden, gibt. Dabei stellte sich heraus, dass es von den zugeschriebenen Verantwortlichkeiten (Vorgesetzter, Kollegen, abstrakter Marktzwang usw.) abhängt, welche Gerechtigkeitsbegriffe in Anschlag gebracht werden.

Soweit unsere etwas kursorischen Bemerkungen zu einer Auswertungslogik, die explizit auf Typenbildung abzielt. Wer sich näher mit Fallkontrastierung und Fallvergleich beschäftigen will, sei auf die praktikable Einführung von Kelle und Kluge (1999) verwiesen. Mit explizitem Bezug auf das Experteninterview gibt es zu typologisierenden Auswertungsverfahren nur wenige Darstellungen. Aufschlussreich ist aber in jedem Fall der Aufsatz von Liebold und Trinczek (2002).

Abschließend bleibt vor der Illusion zu warnen, dass die Auswertung theoriegenerierender Experteninterviews der unilinearen Logik eines Kochrezepts folgt. Tatsächlich wird schon die frühe Kategorienbildung durch die Erwartung bestimmter

Anschlussmöglichkeiten an sozialwissenschaftliche Theoriebildung beeinflusst sein. Das heißt, die eigenen Interpretationen werden bis zu einem bestimmten Grad immer durch eine vorgängige theoretische Optik geprägt sein. Dies gilt es zu reflektieren, um solche Vorannahmen und Erwartungen kontrollierbar zu machen. Außerdem folgt der Auswertungsprozess nur in den seltensten Fällen einer strikt sequenziellen Ordnung. Tatsächlich werden wir oft noch in späten Phasen der Auswertung in die Interviewtexte zurückgehen, um unsere Interpretationen, die sich an textfernen Kategorien festmachen, anhand des Bedeutungskontextes zu prüfen, in dem bestimmte Aussagen entstanden sind. Insofern ist die Vorstellung einer zirkulären Auswertungslogik weitaus praxisnäher. Eine solche Vorstellung hilft außerdem, Auswertungsblockaden zu lösen. Nicht selten trifft man im Alltag der Methodenberatung auf Studierende, die sich den Sprung auf die nächste Stufe des Auswertungsschemas nicht zutrauen, in der Angst, etwas übersehen zu haben. Oft stellt man dann fest, dass sie in ihrem Interpretationsprozess viel weiter sind als sie selbst vermuten. Ein Auswertungsschema soll die Logik der Interpretation ein Stück weit transparent und nachvollziehbar machen; es sollte keinesfalls zum Korsett werden.

6.3 Computergestützte Auswertung

Abschließend noch ein kurzes Wort zum Einsatz von *Computerprogrammen in der qualitativen Sozialforschung*.[2] Die computerunterstützte Auswertung qualitativer Daten – gerade wenn es sich um größere Mengen von Daten handelt – ist heute weit verbreitet, ja in vielen Forschungsfeldern fast alternativlos. Zu verlockend sind die vielfältigen Möglichkeiten der Datenorganisation, der Kategorisierung, der Stichwortsuche usw. Gegenüber der lange Zeit üblichen „Zettelwirtschaft" versprechen sie eine erhebliche Zeitersparnis, einen besseren Überblick über das Material und auch einen deutlichen Qualitätsgewinn (Flick 2007, S. 455 ff.). Zudem ermöglicht die computergestützte Auswertung, auch umfangreiches empirisches Material „in den Griff" zu bekommen. Ein besonderer Vorteil der QDA-Software gegenüber der paper-and-pencil-Auswertung liegt in der einfachen Nutzung unterschiedlicher Darstellungsvarianten des Materials. So kann der Interpretierende das Material sowohl in seiner ursprünglichen sequenziellen Fassung (als verschriftlichtes Verlaufsprotokoll des Gesprächs), aber auch aufgebrochen in die Kategorien anzeigen lassen und zwischen beiden Formen hin- und herspringen. Oftmals benötigen wir bei

---

[2] Für umfassendere Darstellungen des Einsatzes von Software bei der Dateninterpretation sei insbesondere auf die Bücher von Kuckartz verwiesen (Kuckartz 2010, 2014).

der Interpretation einzelner Textabschnitte immer wieder den Rückbezug auf ihren Kontext. Dies gilt insbesondere dann, wenn wir bei Experteninterviews nicht nur die Aussagen des Befragten interpretieren, sondern immer ihren Zusammenhang mit der Interaktionssituation im Gespräch herstellen müssen. Mit Hilfe der Software kann die Forscherin immer wieder schnell „zurückschalten" auf den Gesamtkontext der zu interpretierenden Expertenaussagen.

Es gibt aber durchaus auch Gefahren der Softwarenutzung. Etwa dann, wenn der Computereinsatz zu einer „technischen Verkürzung" (Przyborski und Wohlrab-Sahr 2008, S. 185) des Auswertungsprozesses führt, beispielsweise dann, wenn komplexe Auswertungsprinzipien wie die der Grounded Theory auf relativ simple Sortierverfahren, die sich mit dem Computer besonders leicht bewältigen lassen, reduziert werden. Problematisch wird es immer dann, wenn nicht die inhaltlichen Prinzipien des Auswertungsverfahrens, sondern das technisch Mögliche (oder genauer: das, was im Computerprogramm unmittelbar zugänglich erscheint – die prinzipiellen Möglichkeiten der üblichen Software sind mittlerweile ausgesprochen groß) den Auswertungsverlauf bestimmen.

Zu beachten bleibt in jedem Fall: Software zur qualitativen Datenanalyse kann die Forschenden bei der Auswertung unterstützen, die Auswertung aber nicht automatisieren. Die Software vollzieht keine eigenständigen Auswertungsschritte (so wie etwa Software zur quantitativen Auswertung z. B. selbsttätig Koeffizienten berechnet). Zwar gibt es üblicherweise auch einige automatisierte Funktionen, z. B. das selbsttätige Kodieren von Absätzen anhand bestimmter Schlagworte oder das Auszählen der Häufigkeiten von Codes. Während ersteres kaum zu empfehlen ist, können die Häufigkeitsübersichten zwar durchaus als ergänzende Informationsquelle sinnvoll sein, sie treffen aber kaum den Kern qualitativer Sozialforschung, der in der Interpretation, nicht in Quantifizierungen besteht. Die Arbeit der Interpretation kann den Forschenden keine noch so gute Software abnehmen – sie kann ihn bestenfalls darin optimal unterstützen.

QDA-(Qualitative-Daten-Analyse-)Software ist besonders bei solchen Auswertungsverfahren hilfreich, bei denen die Bildung von Kategorien im Zentrum steht, und damit für die beiden von uns vorgeschlagenen Wege der Analyse von Experteninterviews: bei einer in erster Linie „informatorischen" Auswertung mittels Inhaltsanalyse wie auch bei „theoriegenerierenden" Verfahren wie der Grounded Theory. In beiden Verfahren geht es – anders als in sequenzanalytischen Ansätzen – darum, das Textmaterial aufzubrechen, mit Begriffen zu belegen, neu so sortieren und zu verdichten – Arbeitsschritte, die mit Hilfe des Computers optimal unterstützt werden können.

Die übliche QDA-Software verfügt in der Regel mindestens über folgende Funktionen:

- die erste Aufbereitung und Strukturierung des Primärmaterials, z. B. die (in der Regel automatische) Nummerierung von Absätzen oder Zeilen, das Einfügen grafischer Markierungen,
- die Erstellung von „Kodebäumen" (d. h. strukturierten Listen von Kodes) und das Kodieren des Primärmaterials, d. h. die Zuweisung von Kategorien zu Textabschnitten („Codings"),
- das Sortieren und Organisieren von Codes und zugehörigen „Codings", beispielsweise das Zusammenfügen von mehreren Codes, die Gewichtung von Codes, die Bildung von Ober- und Unterkategorien,
- das Verfassen von Anmerkungen („Memos") und deren Verbindung mit Codes und Codings – ein Schritt, der für die Interpretationsarbeit eine ganz besondere Bedeutung hat,
- die Erstellung von Übersichten, häufig auch von grafischen Darstellungen z. B. zu Relationen von Codes oder deren Häufigkeiten,
- verschiedene Verfahren zum Wiederauffinden von Codes und Textstellen („Retrieval"),
- die Erstellung von Verweissystemen innerhalb des Primärmaterials, von Kodes oder Memos, z. B. mit Hilfe von Hyperlinks.

Häufig erlaubt die Software auch die Zusammenarbeit bzw. Arbeitsteilung in Forscherinnenteams. D. h. Kodes, Kodebäume und kodierte Primärtexte können ex- und importiert und zusammengefügt werden.

Zwar ist in verschiedenen Programmen mittlerweile auch die direkte Verarbeitung von Audio- und Videomaterial technisch möglich. Im Fall von Experteninterviews sind die zusätzlichen Informationen, die dadurch verarbeitet werden können (z. B. der genauere Tonfall, die Mimik usw.) in der Regel nicht Gegenstand der Interpretation. Daher ist zu empfehlen, mit Transkripten zu arbeiten, was den Prozess der Datenverarbeitung und -interpretation deutlich übersichtlicher und einfacher macht.

Die im deutschsprachigen Raum geläufigsten Programme sind ATLAS.ti und MAXQDA (früher MAX bzw. winMAX). ATLAS.ti orientierte sich von Anfang an stark am methodischen Programm der Grounded Theory, während die Vorläufer von MAXQDA ursprünglich für eher reduktiv-zusammenfassende Auswertungsverfahren entwickelt wurden und damit eine größere Nähre zur qualitativen Inhaltsanalyse aufweisen. Obwohl diese Wurzeln der beiden QDA-Programme heute noch spürbar sind, eignen sie sich beide mittlerweile für ein breites Spektrum von

Auswertungsverfahren, und wir können beide gleichermaßen für die Auswertungspraxis von „theoriegenerierenden" wie auch von „informatorischen" Experteninterviews empfehlen.

Unter dem Kürzel „QCAMap" hat Mayring zuletzt eine Open Access-Software speziell für die qualitative Inhaltsanalyse verfügbar gemacht (www.qcamap.org.). Die Software ist webbasiert, kann also im Prinzip von jedem verfügbaren Gerät aus mit verschiedenen Webbrowsern benutzt werden, und sie ist interaktiv, d. h. sie führt durch die einzelnen Schritte der qualitativen Inhaltsanalyse. Die Software ist derzeit noch im Aufbau befindlich (Stand Jahresanfang 2014). Einige Haupttechniken wie die deduktive Kategorienanwendung sind bereits implementiert, weitere Techniken und Begleitmaterial sowie Intro und Handbuch werden folgen.

In Abhängigkeit von der jeweiligen Arbeitstechnik der Forschenden reicht der Einsatz von QDA-Software unterschiedlich weit im Verlauf des Forschungsprozesses. Fast immer dient sie dazu, das Material zu Kodieren, in unterschiedlichen Varianten darzustellen und Texte wieder aufzufinden. Auch umfangreichere Typisierungen werden häufig noch (allein) im entsprechenden Programm durchgeführt. In der Regel gibt es aber immer einen bestimmten Zeitpunkt, zu dem der Arbeitsprozess wieder überwiegend außerhalb der QDA-Software stattfindet. Manche Forscherinnen bevorzugen es, komplexere Interpretationen bereits wieder „auf dem Papier" oder in „normalen" Textverarbeitungsprogrammen zu verschriftlichen; andere arbeiten hier mit zahlreichen und sehr umfangreichen „Memos", die mehrere Druckseiten lang sein können. Spätestens die Erstellung der abschließenden Darstellung (des Ergebnisberichts, des empirischen Teils der Master-Arbeit oder der Dissertation, des Journal-Artikels) findet in der Regel wieder anderswo – in der Regel im Textverarbeitungsprogramm – statt. Dabei kann auf in Memos der QDA-Software formulierte Interpretationsbeispiele oder erste Textbausteine zurückgegriffen werden (der Datenaustausch zwischen QDA-Software und Textverarbeitung ist in der Regel unproblematisch, solange nicht mit komplexeren Textformatierungen gearbeitet wird). Das abschließende Gesamtergebnis der Forschung entsteht üblicherweise nicht in ATLAS.ti oder MAXQDA.

Qualitätskriterien der Forschung 7

Im letzten Kapitel dieser Einführung wird es nicht darum gehen, die umfangreichen Qualitätskriterien qualitativer Sozialforschung darzulegen. Diese sind in der einschlägigen Literatur hinlänglich diskutiert worden (z. B. Flick et al. 2003; Przyborski und Wohlrab-Sahr 2008). Vielmehr werden Besonderheiten im Hinblick auf das Experteninterview thematisiert werden. Dabei geht es in erster Linie um zentrale Aspekte der Forschungsethik, also spezifische Fragen der Instrumentalisierung der Befragten, der Freiwilligkeit der Teilnahme am Interview und das nicht zu unterschätzende Problem der Anonymisierung von Experteninterviews (7.1). Im Anschluss daran werden wir diskutieren, wie die Güte des Forschungsprozesses sichergestellt werden kann. Letztlich wird damit die Fundamentalfrage angerissen, wie gute von schlechter Forschung unterschieden werden kann (7.2).

7.1 Forschungsethische Gesichtspunkte

7.1.1 Instrumentalisierung des Interviewten

Interviews zu führen, heißt in gewisser Weise natürlich immer, die Gesprächspartner für bestimmte, eigene Zwecke zu instrumentalisieren: für das eigene Erkenntnisziel, für das eigene berufliche Fortkommen, die eigene Qualifikationsarbeit usw. Das bedeutet nicht, dass Interviews nicht auch für die Befragten nutzbringende Funktionen haben.

Häufig haben Interviews eine Art quasi-therapeutische Funktion: Die Befragten können ihre persönlichen Sichtweisen, die in ihrer Alltagspraxis häufig nicht wahr- oder ernst genommen werden, formulieren. Sie schildern etwa belastende Situationen und Probleme, für die sich sonst niemand interessiert. (Das kann in der Praxis extreme Formen annehmen, wo man Schwierigkeiten hat, das Gespräch zu beenden, weil die Befragten immer noch etwas „anzubringen" wollen: Sie wollen

A. Bogner et al., *Interviews mit Experten*, Qualitative Sozialforschung, DOI 10.1007/978-3-531-19416-5_7, © Springer Fachmedien Wiesbaden 2014

regelrecht erzählen und ihre Probleme schildern, vgl. auch Kern et al. 1988; Abels und Behrens 2009).

Ganz sicher können manche Gesprächspartner auch Gewinne aus Interviews ziehen, die darin bestehen, narzisstische Geltungsbedürfnisse zu befriedigen: Sie können sich als kompetent inszenieren, sich gegenüber dem unwissenden Soziologen profilieren usw. – auch das ist eine Art psychologischer Gewinn aus dem Interview. (Man denke an Situationen, in denen sich die paternalistischen Interaktionsformen der überlegenen männlichen Fachexperten zeigen, die den unbedarften jungen soziologischen Forscherinnen ihr Fach erklären, vgl. Abels und Behrens 2009). Nicht selten bedanken sich Interviewpartner am Ende des Gesprächs für das Interview – wobei man sich fragt, wofür eigentlich? Aber ganz offensichtlich werden Interviews in der Regel als angenehm und befriedigend erlebt. Häufig erwähnen die Befragten auch, dass sie sich freuen, einmal die Gelegenheit zu haben, bestimmte Situationen, Prozesse oder Sachverhalte selbst etwas distanzierter und handlungsentlastet zu formulieren und zu diskutieren als dies sonst im Arbeitsalltag möglich ist. Und das können Reflexionen sein, die die Befragten selbst durchaus wiederum in der Praxis nutzen können.

Die primäre Motivation zur Gesprächsteilnahme dürften allerdings altruistische Motive sein: Die Befragten wollen die Soziologen in ihrer Arbeit unterstützen, durchaus aus Hilfsbereitschaft oder aus Empathie („Meine Tochter promoviert ja auch gerade und braucht Interviewdaten…') (s. a. Brandl und Klinger 2006). Dieses Entgegenkommen kann man natürlich mehr oder weniger ausnützen – doch ganz lässt sich die „Instrumentalisierung der Befragten" sicherlich nicht aufheben.

7.1.2 Die Freiwilligkeit der Interviews

Prinzipiell sind auch für Interviews mit Experten die Prinzipien der Freiwilligkeit und der informierten Einwilligung leitend:

> Generell gilt für die Beteiligung an sozialwissenschaftlichen Untersuchungen, dass diese freiwillig ist und auf der Grundlage einer möglichst ausführlichen Information über Ziele und Methoden des entsprechenden Forschungsvorhabens erfolgt. Nicht immer kann das Prinzip der informierten Einwilligung in die Praxis umgesetzt werden, z. B. wenn durch eine umfassende Vorabinformation die Forschungsergebnisse in nicht vertretbarer Weise verzerrt würden. In solchen Fällen muss versucht werden, andere Möglichkeiten der informierten Einwilligung zu nutzen (Ethik-Kodex der Deutschen Gesellschaft für Soziologie: Präambel).[1]

---

[1] Download vom 17.1.2014: http://www.soziologie.de/index.php?id=19.

Aber nicht nur die bisweilen begrenzte Aufklärung der Befragten schränkt die informierte Einwilligung ein. Häufig sprechen wir die potenziell zu Befragenden nicht einzeln an, sondern haben einen Zugang zu einer Organisation, d. h. es wurde eine grundsätzliche Entscheidung der Teilnahme an der Forschung getroffen – aber nicht von jedem einzelnen. Beim Zugang zu den Befragungspersonen haben wir auf die Vermittlung bestimmter „Schlüsselpersonen" gesetzt, und diese haben Experten für uns ausgewählt und auch Termine vereinbart. Zu Beginn des Interviews kann sich daher in Einzelfällen herausstellen, dass die Befragten offenbar eher durch die „Organisationshierarchie" dazu verdonnert wurden, uns Rede und Antwort zu stehen. – Eine „Zwangsbefragung" macht in der Regel aber schon deshalb keinen Sinn, weil man damit keine guten Ergebnisse produziert: Die Gesprächsbereitschaft ist in der Regel gering, ausführlichere Schilderungen bleiben aus usw.

7.1.3 Anonymisierung der Interviews in Ergebnisdarstellungen und Publikationen

Die Tatsache, dass hochrangige Experten und Eliten oftmals exponierte Positionen innehaben, erschwert die Anonymisierung der Interviews. Anonymität und eine vertrauliche Behandlung der Interviewhalte sollte dennoch zugesichert werden und nur mit ausdrücklicher Zustimmung der Befragten aufgehoben werden. So warnte schon Dexter vor mehr als 30 Jahren vor der nicht-autorisierten Benutzung von Interviewmaterial z. B. in Lehrveranstaltungen (Dexter 2006/1969, Kap. 2).

Jedenfalls sollte die Anonymisierung der Daten vor Beginn der Forschung mitgeplant werden. In welchem Umfang die Anonymisierung vorzunehmen ist, hängt von der Sensibilität der Daten ab und der Frage, ob durch spezifische Aussagen (Zeit- oder Ortsangaben) auf die befragte Person geschlossen werden kann.

Die Anonymisierung der Personenangaben ist auch deshalb notwendig, um dafür zu sorgen, dass für die Teilnehmer an der Forschung keine Nachteile oder Gefahren entstehen (Ethik-Kodex der Deutschen Gesellschaft für Soziologie: Präambel). Darüber hinaus ist die Zusicherung der vertraulichen Behandlung der Daten unabdingbar. Es gehört zu den Pflichten der Forscherin, potenzielle Vertrauensverletzungen vorauszusehen und möglichst zu vermeiden (z. B. durch entsprechende Aufklärung der Interviewer, Transkribierenden, Projektmitarbeiter etc.)

Nach Medjedović und Witzel (2010) sind drei verschiedene Varianten der Anonymisierung zu unterscheiden: 1. Die formale Anonymisierung umfasst das Entfernen von genannten Daten wie etwa Namen und Adresse. 2. Die faktische Anonymisierung zielt auf die Veränderung persönlicher Angaben, so dass die Identifizierung der Person nicht zu erwarten ist, weil sie nur mit einem hohen Arbeitsaufwand und zusätzlichen Kosten erreichbar wäre. Es bleibt allerdings ein geringes

Restrisiko der De-Anonymisierung. 3. Bei der absoluten Anonymisierung werden die Daten so verändert, dass jeglicher Personenbezug und somit jede Möglichkeit der Re-Identifizierung ausgeschlossen werden kann. Damit erübrigen sich alle rechtlich-ethischen Bedenken.

In der Praxis kann sich die Anonymisierung der Daten allerdings komplizierter gestalten als es zunächst erscheinen mag. Die Namen von Organisationen und Personen zu ersetzen, ist zumeist relativ einfach. Allerdings können Insider die Angaben oftmals rückverfolgen, weil sie etwa anhand des Unternehmensprofils erkennen können, um welchen Betrieb es sich handelt. Ein weiteres Problem kommt hinzu, dass nämlich die anderen befragten Organisationsmitglieder wissen, dass es sich um ihre Organisation handelt. Wenn ich eine Untersuchung in einem VW-Werk mache, dann mag es mir gelingen, den Bericht so zu anonymisieren, dass niemand sicher herausbekommt, dass es sich um VW handelt. Bloß: Die Mitglieder der beforschten Organisation wissen es in der Regel. Deshalb müssen die Ergebnisse so anonymisiert werden, dass sie auch für die *„Insider der Organisation"* nicht zurückzuverfolgen sind. Das ist häufig sehr schwierig. In problematischen Fällen führt kein Weg daran vorbei, gegebenenfalls Problemfälle mit den Befragten selbst zu besprechen und nachzufragen. Das heißt aber auch: Es sollten bei den Gesprächen möglichst wenig Informationen darüber weiter gegeben werden, wer noch zu den Gesprächspartnern gehört.

Das Anonymisierungsproblem betrifft nicht nur die Ergebnisse, sondern auch bereits die *Durchführung der Erhebung*. Typisch sind Nachfragen: „Sie haben ja bestimmt bereits mit XY gesprochen… der wird ihnen gesagt haben, dass…". Oder: „Was hat der denn gesagt…?". Oder auch nur harmlos „Haben Sie schon mit XY gesprochen…?" Oder auch nur: „Was sind denn ihre anderen Untersuchungsfälle (z. B. andere Unternehmen)?". Hier sollte man möglichst wenige Informationen preisgeben – am besten mit dem expliziten Hinweis auf die Anonymität („Wir geben solche Informationen nicht gerne weiter. Im Gegenzug wissen die anderen Unternehmen ja auch nicht, dass wir bei Ihnen Untersuchungen gemacht haben.") Das trifft in den meisten Fällen auf Verständnis. Manchmal kommt es vor, dass die Befragten *auf besondere Behandlung bestehen*, nämlich dass aus dem geführten Interviews nur nach Rücksprache zitiert werden darf. Man kommt dann nicht umhin, entsprechende Zusicherungen zu geben – und man sollte sich tunlichst daran halten, auch wenn sie mündlich gegeben wurden und selbst dann, wenn es sich nach eigener Einschätzung keineswegs um problematische, brenzlige Informationen handelt.

7.1.4 Verhalten in der Interviewsituation

In Kap. 5.1 haben wir eine Typologie der Wahrnehmung des Interviewers aus der Perspektive der Interviewten dargestellt. Bestimmte typische Wahrnehmungen sind

– wie dort dargelegt – voraussetzungsreicher als andere, weil sie besonderes Vertrauen voraussetzen. Normalerweise verbietet es sich insbesondere in den beiden Dimensionen „*Macht*" und „*normative Orientierung*" eine voraussetzungsreichere Position vorzutäuschen als sie tatsächlich gegeben ist. Im Falle der Wahrnehmung des „Interviewers als Komplize" vermutet der Befragte, dass beide „Mitstreiter" in bestimmten Auseinandersetzungen sind oder zumindest grundsätzliche normative Basiseinschätzungen teilen. Derartiges vorzutäuschen, ist häufig nicht nur schwierig, sondern wäre auch ein Vertrauensmissbrauch.

Beziehungsweise: Wenn die Befragten Informationen preisgegeben haben, von denen zu vermuten ist, dass sie auf „falschen" Rollenerwartungen basieren, sollten sie nicht verwendet werden (das wird einem vielleicht erst bei der Auswertung bewusst).

Ganz besonders gilt das natürlich für die Machtdimension: Wenn die eigene Untersuchung Folgen für die Befragten haben könnte, dann ist das selbstverständlich offenzulegen. Im schlimmsten Fall: Sie führen eine verdeckte Evaluation durch, d. h. eine Untersuchung, die nicht eine wissenschaftliche Analyse, sondern eine wertende Beurteilung beinhaltet und negative Konsequenzen für die Finanzierung oder Sanktionen zur Folge hat.

Hinsichtlich des Vertrauens anspruchslosere Interviewerrollen können aus forschungsethischer Sicht problemlos eingenommen werden. Ein „downgrading" ist erlaubt, aber kein „upgrading". Wenn wir als Kritiker wahrgenommen werden, „in Wirklichkeit" aber keiner sind, ist das kein forschungsethisches Problem. Ebenso, wenn uns Macht zugeschrieben wird, die wir nicht haben; dies kann für das Erkenntnisziel problematisch sein, aber nicht in forschungsethischer Hinsicht. Denn in dieser Situation wird der Befragte nicht aufgrund absichtlicher Täuschung dazu eingeladen, „Geheimnisse" preiszugeben; allenfalls wird er zum Verschweigen und Taktieren neigen.

In wie weit man *konfrontative Fragen* stellen darf, ist aus erhebungsstrategischer Sicht sehr umstritten (Kap. 5.3), weil unklar ist, welche Qualität die auf diese Art produzierten Daten besitzen. Dies hat aber auch eine forschungsethische Dimension. Die Grenzen sind allerdings schwer abstrakt zu benennen. Sie sind ganz sicher dann überschritten, wenn wir die Befragten in klar ersichtlich unangenehme oder peinliche Situationen bringen, wenn sie in allzu starke Rechtfertigungszwänge kommen, sich unter Druck gesetzt fühlen usw. – also immer dann, wenn wir klare Indizien dafür haben, dass die Interviewsituation unangenehm für die Befragten wird. Sicherlich ist dies in ausgewiesenen Experteninterviews ein geringeres Problem als in anderen Interviews – in der Regel „wissen Experten sich zu wehren". Sie sind meist durchsetzungskräftige Personen.

7.2   Güte des Forschungsprozesses

Intendiert ist an dieser Stelle nicht eine abstrakte Darstellung einschlägiger Kriterien der Geltungsbegründung qualitativer Forschung. Für die Forschungspraxis ist dies wenig hilfreich; es würde außerdem nahelegen, dass es allgemein anerkannte, kanonisierte Gütekriterien gibt, die für alle Methoden qualitativer Sozialforschung unterschiedslos anwendbar wären. Dies ist keineswegs der Fall. In der Frage, welche Kriterien zur Bewertung der wissenschaftlichen Qualität qualitativer Forschung angemessen und praktikabel sind, gibt es wenig Übereinstimmung. Konsens besteht allenfalls in der Überzeugung, dass die Gütekriterien der quantitativen Sozialforschung (Objektivität, Reliabilität, Validität) nicht einfach übernommen werden können (Steinke 1999). Begründet ist dies in der Tatsache, dass quantitative und qualitative Sozialforschung unterschiedlichen Modellen von Wirklichkeit und Erkenntnis folgen (Soeffner 1989). Das heißt in Bezug auf die Forschungspraxis: Wenn wir eine bestimmte Methode anwenden (z. B. einen standardisierten Fragebogen oder ein Experteninterview), so operieren wir damit immer schon im Rahmen eines ganz bestimmten Weltbilds, ob wir dies reflektieren oder nicht.

Die quantitative Forschung folgt in der Regel einem Erkenntnismodell, das man naturalistisch oder reduktionistisch nennen kann. In diesem Modell existiert die Welt als eine Ansammlung von Dingen und Relationen, die vom erkennenden Subjekt (Forscher) strikt getrennt sind. Erkenntnis ist eine Abbildung der Wirklichkeit, sie ist durch das Wesen der Objekte selbst bestimmt – und nicht durch den Forscher. Aufgabe der Forscherin ist es, die Wirklichkeit verzerrungsfrei abzubilden. Diesem Zweck dient die Anwendung standardisierter, situationsunempfindlicher Methoden. Aus sachgemäßer Methodenanwendung resultiert die Kenntnis der Tatsachen. Diese Tatsachen sprechen, so nimmt man an, für sich.

Die qualitative Forschung folgt zumeist einem Erkenntnismodell, das die soziale Welt nicht als Anwendungsfall einer naturwissenschaftlichen Erkenntnislogik versteht. Die soziale Welt wird nicht als Maschine betrachtet, die nach vorgegebenen Prozessen abläuft; sie ist kein durch allgemeine Gesetzmäßigkeiten determinierter Zusammenhang, in dem die Menschen einfach nur kulturell etablierten Rollenerwartungen und Normen folgen. Die soziale Welt basiert vielmehr auf dem sozialen Handeln der Menschen, das heißt: Der Mensch handelt auf Basis des Bildes, das er sich von einer bestimmten Situation macht, und dieses Bild ist abhängig von den Erwartungen, die er an sich gerichtet sieht, von individuellen Vorannahmen und Wertvorstellungen. Soziales Handeln erscheint, kurz gesagt, als Interpretationsleistung und die soziale Welt als Resultat eines interpretationsgeleiteten Interaktionsprozesses zwischen Gesellschaftsmitgliedern. Für die empirische Forschung bedeutet das: Der Untersuchungsgegenstand liegt nie einfach „vor" und muss nur noch angemessen repräsentiert werden; er muss vielmehr in seiner Bedeutung durch Interpretation erschlossen werden. Anders gesagt: Weil die soziale Welt sich aus Interpretationen „zusammensetzt", weil die Wirklichkeit immer schon das Resultat von Interpretation ist, muss Wissenschaft rekonstruktiv verfahren.

Aus dieser Perspektive wird deutlich, dass die Übernahme der im Kontext des naturwissenschaftlichen Erkenntnisideals entwickelten Gütekriterien wenig erfolgversprechend ist. Um dies am Beispiel des Kriteriums der Objektivität zu illustrieren (vgl. Lamnek 2005, S. 172 f.): Der Anspruch, dass die aus einem Experteninterview resultierenden Daten unabhängig vom Verhalten des Interviewenden sein sollen („Durchführungsobjektivität"), kann nicht greifen. Wie wir gezeigt haben (Kap. 5), kommen in jeder Interviewsituation jeweils spezifische Rollenerwartungen zum Tragen, die das Interview in bestimmter Weise prägen. Identische Ergebnisse sind also nicht zu erwarten, wenn der gleiche Experte durch verschiedene Interviewer befragt wird. Es gibt also keine Einheitskriterien für die gesamte Sozialforschung, und es gibt nicht einmal Kriterien, die für alle Verfahren der qualitativen Forschung sinnvoll anwendbar sind (Lüders 2003). Deswegen wird man nicht umhin können, ausgehend von konkreten Forschungserfahrungen und -problemen verfahrensspezifische Kriterien zu entwickeln.

Die Verabschiedung objektivistischer Ideale ist kein Plädoyer für einen erkenntnistheoretischen Anarchismus („anything goes"). Auch wenn qualitative Daten mangels Standardisierung im strengen Sinne experimenteller Laborforschung nicht überprüfbar sind, so muss doch zumindest nachvollziehbar gemacht werden, auf welche Weise wir zu unseren Interpretationen gelangt sind. Mit anderen Worten: An die Stelle traditioneller Gütekriterien tritt die Forderung nach Transparenz des Erhebungs- und Auswertungsprozesses. Es sollen deshalb der Verlauf des Forschungsprozesses und die Entscheidungen, die unterwegs getroffen wurden, offen gelegt werden.

Um die Güte der Untersuchung beurteilen zu können, ist es notwendig, anhand des Untersuchungsverlaufs nachvollziehen zu können, ob tatsächlich die umfassende Bearbeitung der Fragestellung gelungen ist. Für Experteninterviews ist dabei zunächst die wissenssoziologische Diskussion von zentraler Bedeutung: Wir müssen begründen, warum wir welche Form des Experteninterviews gewählt haben und das heißt: welche Art des Expertenwissens uns interessiert (siehe Kap. 3). Außerdem müssen wir die Zahl und die zentralen untersuchungsrelevanten Charakteristika der befragten Experten dokumentieren – selbstverständlich anonymisiert. Schließlich ist zu erklären, wie das Sample ausgewählt wurde, welche Erfahrungen bei der Kontaktaufnahme gemacht wurden (ein potenzieller Hinweis auf spätere Rollenverteilungen im Interview!), welche Expertinnen nicht befragt werden konnten und welche Schlüsse sich daraus für die Generalisierbarkeit unserer Interpretationen ergeben. Die Abgabe des verwendeten Leitfadens sowie die Darstellung der angewendeten Transkriptionsregeln dienen ebenfalls der Dokumentation der Untersuchung. Insbesondere bei Qualifizierungsarbeiten (Bachelor-, Masterarbeiten oder Dissertationen) muss aus diesem Grund auch manchmal ein gesonderter Band mit den Transkriptionen vorgelegt werden. Inwiefern dies freilich dem Gebot größtmöglicher Anonymisierung entspricht (siehe Kap. 7.1), sei dahin gestellt. Die Vorstellung, das Lesepublikum könnte allein aufgrund der Interviewtranskripte soziologische Interpretationen unmittelbar nachvollziehen, dürfte an der Realität vorbei gehen – es sei denn, die „Interpretation" beschränkte sich darauf, die von den Experten vermittelten „Informationen" zusammenzufassen.

Letztendlich wird es aber von der plausiblen Darstellung des Forschungsprozesses und der Ergebnisse abhängen, ob diese seitens der wissenschaftlichen Peers als glaubwürdig angesehen werden oder nicht. Die Herstellung von Glaubwürdigkeit ist für den Begutachtungsprozess als zentral anzusehen. Grundsätzlich gilt, je weniger Raum für die Präsentation der Untersuchung und der Resultate zur Verfügung steht (z. B. bei Artikeln), umso pointierter muss sie sein, um Gutachter von der angemessenen Qualität der Arbeit zu überzeugen. Bei Monografien oder Forschungsberichten ist dagegen eine breitere Darstellung und Diskussion der methodischen Entscheidungen möglich, und im Falle von Qualifizierungsarbeiten ja auch zumeist verlangt.

Die Offenlegung und Begründung des Vorgehens gilt selbstverständlich auch für die Auswertung der Daten. Die Interpretation des Datenmaterials eröffnet immer einen gewissen individuellen, „subjektiven" Spielraum. Bei qualitativen Daten ist deshalb die Auswertung von Daten in Interpretationsgruppen zu empfehlen. Durch die Multiperspektivität lassen sich mögliche „blinde Flecken" oder Vorurteile beim Interpretieren leichter erkennen und bearbeiten. Die Interpretation im Team kann die Zuverlässigkeit von Interpretationen deutlich steigern, weil die Interpreten ihre Auslegung begründen müssen. Außerdem fördert sie die Selbstreflexivität der Forschenden, also die Bewusstwerdung der eigenen Standpunkte sowie der Situiertheit der Interpreten (in Bezug auf die soziale und kulturelle Herkunft, das Geschlecht etc.). Qualitative Analysen sind idealerweise Teamarbeit – die im zunehmend individualisierten und konkurrenzorientierten Wissenschaftsbetrieb kaum gefördert wird. Wünschenswert ist jedenfalls idealerweise der Vergleich mindestens zweier unabhängig voneinander angefertigter Interpretationen. Inwieweit dies in der Forschungspraxis realisiert wird (oder werden kann), ist fraglich. In der Regel werden Zeit- und Geldmangel eher pragmatische Lösungen erfordern.

Weniger empfehlenswert ist es, zu Validierungszwecken auf die befragten Experten selbst zurück zu greifen. In der Literatur findet sich diese Strategie unter den Stichworten der „kommunikativen Validierung" bzw. des „member check". Dahinter verbirgt sich die Idee einer dialogförmigen Überprüfung von Forschungsergebnissen. Das Gültigkeitskriterium ist in diesem Fall der Test, ob die Befragten unserer Interpretation folgen, ob sie sich in den Ergebnissen „wiederfinden". Diese Strategie verdankt sich dem Versuch, das traditionelle Gütekriterium der Validität (sprich: wird das gemessen, was gemessen werden soll?) aus Perspektive der qualitativen Forschung zu reformulieren. Es ist allerdings nicht überzeugend, die Expertinnen zu Prüfinstanzen unserer Forschung aufzubauen. Genau genommen sind ja erst jene Ergebnisse interessant und soziologisch gehaltvoll, denen die Expertinnen nicht ohne weiteres folgen können und die vielleicht sogar konträr zu ihrem Selbstbild stehen.

Sofern Experteninterviews in einem triangulativen Forschungsdesign verwendet werden – also in Kombination verschiedener Erhebungs- und Auswertungsmethoden – sollten beim gesamten Forschungsprozess, d. h. bei der Auswertung und der Darstellung der Ergebnisse, die Überlegungen der inzwischen breiten Diskussion über Triangulation (Denzin 1989; Flick 2011a) und Mixed Methods (Kelle 2001; Morse 2003) berücksichtigt werden. Dabei geht es nicht nur um methodologische Überlegungen der Möglichkeiten und Grenzen kombinierter Datengenerierungsverfahren, sondern auch um die Interpretation möglicherweise widersprüchlicher Befunde. Uneinheitliche Ergebnisse weisen nicht notwendigerweise auf Fehler bei der Erhebung oder Auswertung hin, sondern sind oftmals der unterschiedlichen Logik von verschiedenen methodischen Verfahren geschuldet. Triangulation hat in der Regel nicht zum Ziel, die wechselseitigen Befunde zu validieren, sondern vielmehr ein Phänomen in einem breiteren perspektivischen Spektrum zu erfassen. Unterschiedliche Befunde können deshalb auch dazu anregen, noch weitere Daten zu generieren, um die Differenzen erklären zu können.

Dass Wissenschaftler hinsichtlich ihrer Forschungsergebnisse nicht lügen, täuschen, betrügen, dass sie ihre Resultate nicht fälschen, sich nicht die Verdienste anderer (verdeckt) aneignen dürfen u. a. m., sollte sich von selbst verstehen – auch wenn einige jüngste, aufsehenerregende Fälle von Datenmanipulation und Plagiaten Zweifel an der redlichen Befolgung dieser Maxime aufkommen lassen mögen.

Ausblick 8

Das vorliegende Buch versteht sich in erster Linie als pragmatische Einführung und praktischer Leitfaden zur Vorbereitung, Durchführung und Interpretation von Experteninterviews. Gleichzeitig gibt es den aktuellen Stand der methodologischen und methodischen Diskussion wieder. Dabei wird zweierlei deutlich: Zum einen hat sich die Debatte darüber vertieft, wer als Experte gelten kann und vor allem: welches Wissen wir uns durch Experteninterviews verfügbar machen können und wollen. Diese wissenssoziologische Debatte ist deswegen zentral, weil sie das theoretische Fundament der Methodenpraxis darstellt; sie begründet den Anwendungs- und Geltungsbereich des Experteninterviews. Zum anderen hat sich die methodische Debatte merklich intensiviert; das Experteninterview hat auf diese Weise ein schärferes methodisches Profil gewonnen. Es gibt – bei aller Diversität der Zwecke und Anwendungsbereiche von Experteninterviews – viele Gemeinsamkeiten hinsichtlich des generellen Settings, des Zugangs, der Interviewtechniken usw. Das heißt nicht, dass das Experteninterview bereits ein kanonisches Verfahren qualitativer Forschung und die Debatte darüber weitgehend abgeschlossen wäre. Letzteres ist wenig realistisch und wahrscheinlich auch gar nicht wünschenswert. Denn wie bei allen Methodendiskussionen beruhen Beiträge zum Experteninterview auf der Reflexion über Forschungspraktiken; letztlich sind Methoden ja Instrumente der Generierung und Analyse von empirischem Datenmaterial. Insofern sind die Ausführungen über methodische Standards auch immer vorläufig. Methoden verändern sich mit der Forschung selbst. Sie werden revidiert, modifiziert und verfeinert.

Experten zu interviewen ist immer eine besondere Herausforderung. Dies gilt für Forschungsneulinge, für Studierende, die ihre Master- oder Doktorarbeit schreiben, genauso wie für arrivierte Wissenschaftlerinnen, die mit den gängigen Methoden der qualitativen Forschung längst vertraut sind. Im Fall der Experten haben wir es in der Regel mit Personen zu tun, die zu reden und sich darzustellen wissen. Von ihren Ausführungen, ihrer Gesprächsführung und ihrem professionellen Habitus fühlen wir uns manchmal überfordert, vielleicht auch übervorteilt. Es

ist darum kein Wunder, dass gerade im Kontext des Experteninterviews weiterfüh-
rende Überlegungen dazu entstanden sind, wie wir die konkrete Rollenverteilung
im Gespräch für unsere Zwecke nutzen können. In der internationalen qualitativen
Interviewforschung herrscht mittlerweile weit gehende Einigkeit darüber, dass es
sich beim Interviewen um komplexe soziale Interaktionen handelt (vgl. dazu die
Beiträge in Gubrium et al. 2012). Interviews sind also nicht frei von verschiedens-
ten Einflüssen, angefangen von Sympathie oder Antipathie über Doing Gender,
wechselseitigen Rollenerwartung bis hin zu sprachlichen oder fachlichen Kompetenzen. Dieses Faktum sollte denn auch nicht als grundsätzlicher Einwand gegen
(qualitative) Interviews missverstanden werden. Es verweist vielmehr auf jene zusätzlichen Reflexionslasten, die entstehen, wenn man – gemäß dem qualitativen
„Weltbild" (siehe Kap. 7.2) – in der Methodenanwendung auf Offenheit und Flexi-
bilität setzt, um den subjektiven Sinn oder die Wirklichkeitskonzepte der Befragten
verstehen zu können. Interviews – und so natürlich auch die mit Experten – sind
eine wichtige Grundlage für empirische Forschungsarbeiten. Um jedoch plausible Interpretationen entwickeln zu können, sind wir gehalten, die Situations- und
Interaktionsabhängigkeit unserer Daten zu reflektieren – sowie unser eigenes Vor-
verständnis. Verstehen, darauf haben wir in unserer Darstellung des Experteninterviews besonderen Wert gelegt, fängt nicht erst beim Auswerten der transkribierten
Texte statt, sondern beginnt bereits in der Interviewsituation.

In diesem Sinne möchten wir mit unserem Buch und den vorgelegten Reflexionen über unsere Forschungspraxis nicht nur die Methodendiskussion um das
Experteninterview weiter voranbringen, sondern auch nützliche Hinweise für die
praktische Durchführung von Forschungsarbeiten weitergeben.

Literatur

Abels, G. (1997). Hat der Experte ein Geschlecht? Reflexionen zur sozialen Interaktion im ExpertInnen-Interview. *Femina Politica, 1*, 79–88.

Abels, G., & Behrens, M. (2009). ExpertInnen-Interviews in der Politikwissenschaft. Eine sekundäranalytische Reflexion über geschlechtertheoretische und politikfeldanalytische Effekte. In A. Bogner, B. Littig, & W. Menz (Hrsg.), *Experteninterviews. Theorien, Methoden, Anwendungsfelder* (3., grundlegend überarbeitete Auflage, S. 159–181). Wiesbaden: VS Verlag für Sozialwissenschaften.

Aichholzer, G. (2009). Das ExpertInnen-Delphi: Methodische Grundlagen und Anwendungsfeld ,Technology Foresight'. In A. Bogner, B. Littig, & W. Menz (Hrsg.), *Experteninterviews. Theorien, Methoden, Anwendungsfelder* (3., grundlegend überarbeitete Auflage, S. 277–300). Wiesbaden: VS Verlag für Sozialwissenschaften.

Arthur, S., & Nazroo, J. (2003). Designing fieldwork strategies und materials. In J. Ritchie & J. Lewis (Hrsg.), *Qualitative research practice. A guide for social science students and researchers* (S. 109–137). London: Sage.

Beck, U. (1986). *Risikogesellschaft – Auf dem Weg in eine andere Moderne.* Frankfurt a. M.: Suhrkamp.

Behnke, C., & Meuser, M. (1999). *Geschlechterforschung und qualitative Methoden.* Opladen: VS Verlag für Sozialwissenschaften.

Bell, D. (1979). *Die nachindustrielle Gesellschaft.* Reinbek: Rowohlt.

Bogner, A. (2005). *Grenzpolitik der Experten. Vom Umgang mit Ungewissheit und Nichtwissen in pränataler Diagnostik und Beratung.* Weilerswist: Velbrück Wissenschaft.

Bogner, A. (2012). *Gesellschaftsdiagnosen. Ein Überblick.* Weinheim: Beltz/Juventa.

Bogner, A., Littig, B., & Menz, W. (Hrsg.). (2009a). *Experteninterviews. Theorien, Methoden, Anwendungsfelder* (3. grundlegend überarbeitete Auflage). Wiesbaden: VS-Verlag für Sozialwissenschaften.

Bogner, A., Littig, B., & Menz, W. (2009b). *Interviewing experts. Methodology and practice.* Basingstoke: Palgrave Macmillan.

Bogner, A., & Menz, W. (2009a). Experteninterviews in der qualitativen Sozialforschung. Zur Einführung in eine sich intensivierende Methodendebatte. In A. Bogner, B. Littig, & W. Menz (Hrsg.), *Experteninterviews – Theorien, Methoden, Anwendungsfelder* (3. grundlegend überarbeitete Auflage, S. 7–31). Wiesbaden: VS Verlag für Sozialwissenschaften.

Bogner, A., & Menz, W. (2009b). Das theoriegenerierende Experteninterview. Erkenntnisinteresse, Wissensformen, Interaktion. In A. Bogner, B. Littig, & W. Menz (Hrsg.),

Experteninterviews – Theorien, Methoden, Anwendungsfelder (3. grundlegend überarbeitete Auflage, S. 61–98). Wiesbaden: VS Verlag für Sozialwissenschaften.

Bogner, A., & Torgersen, H. (Hrsg.). (2005). *Wozu Experten? Ambivalenzen der Beziehung von Wissenschaft und Politik.* Wiesbaden: VS Verlag für Sozialwissenschaften.

Bohnsack, R. (2007). *Rekonstruktive Sozialforschung: Einführung in qualitative Methoden* (7. Aufl.). Opladen: Leske + Budrich.

Brandl, J., & Klinger, S. (2006). Probleme des Feldzugangs zu Eliten. *Österreichische Zeitschrift für Soziologie, 31*(1), 44–65.

Bröckling, U. (2007). *Das unternehmerische Selbst. Soziologie einer Subjektivierungsform.* Frankfurt a. M.: Suhrkamp.

Burke, L. A., & Miller, M. K. (2001). Phone interviewing as a means of data collection: Lessons learned and practical recommendations. *Forum Qualitative Sozialforschung/Forum: Qualitative Social Research, 2*(2). http://www.qualitative-research.net/fqs-texte/2-01/2-01burkemiller-e.htm. Zugegriffen: 17. Feb. 2014.

Cappai, G. (2003). Einleitung: Übersetzung zwischen Kulturen als interdisziplinäre Aufgabe. In A. Zingerle & G. Cappai (Hrsg.), *Sozialwissenschaftliches Übersetzen als interkulturelle Hermeneutik/Il tradurre nelle scienze sociali come ermeneutica interculturale* (S. 11–29). Mailand: Angeli, Duncker & Humbolt.

Charmaz, K. C. (2011). Den Standpunkt verändern: Methoden der konstruktivistischen Grounded Theory. In G. Mey & K. Mruck (Hrsg.), *Grounded Theory Reader* (2. aktualisierte und erweiterte Auflage, S. 181–205). Wiesbaden: VS Verlag für Sozialwissenschaften.

Charmaz, K. C., & Belgrave, L. L. (2012). Qualitative interviewing and grounded theory analysis. In F. F. Gubrium, J. A. Holstein, A. B. Marvasti, & K. D. McKinney. *The SAGE handbook of interview research. The complexity of the craft* (2., Aufl., S. 347-365). Thousand Oaks: Sage.

Christmann, G. B. (2009). Telefonische Experteninterviews – ein schwieriges Unterfangen. In A. Bogner, L. Beate, & W. Menz (Hrsg.), *Experteninterviews. Theorien, Methoden, Anwendungsfelder* (3., grundlegend überarbeitete Auflage, S. 197–222). Wiesbaden: VS Verlag für Sozialwissenschaften.

Clarke, A. E. (2011). Von der Grounded-Theory-Methodology zur Situationsanalyse. In G. Mey & K. Mruck (Hrsg.), *Grounded Theory Reader* (2. aktualisierte und erweiterte Auflage, S. 207–229). Wiesbaden: VS Verlag für Sozialwissenschaften.

Denzin, N. K. (1989). *The research act. A theoretical introduction to sociological methods* (3. Aufl., S. 234-247). Englewood Cliffs: Prentice Hall.

Dexter, L. A. (1970). *Elite and specialized interviewing.* Evanston: Northwestern University Press.

Dexter, L. A. (2006/1969). *Elite and specialized interviewing. With a new introduction by Alan Ware and Martín Sánchez-Jankowski.* University of Essex, Colchester, UK: ECPR Press – ECPR classics. (1st Edition 1969 Evanston: Northwestern U. P.).

Dittmar, N. (2009). *Transkription. Ein Leitfaden mit Aufgaben für Studenten, Forscher und Laien* (3. Ausgabe). Wiesbaden: VS Verlag für Sozialwissenschaften.

Dresing, T., & Pehl, T. (2013). Praxisbuch Interview, Transkription & Analyse. Anleitungen und Regelsysteme für qualitativ Forschende (5. Aufl.). www.audiotranskription.de/praxisbuch. Zugegriffen: 17. Feb. 2014.

Edwards, R. (1998). A critical examination of the use of interpreters in the qualitative research process. *Journal of Ethnic and Migration Studies, 24*(1), 197–208.

Edwards, R., & Temple, B. (2002). Interpreters/translators and cross-language research: Reflexivity and border crossings. *International Journal of Qualitative Methods, 1*(2), Article 1. http://www.ualberta.ca/~iiqm/backissues/1_2Final/pdf/temple.pdf. Zugegriffen: 15. Jan. 2013.

Enzenhofer, E., & Resch, K. (2011). Übersetzungsprozesse und deren Qualitätssicherung in der qualitativen Sozialforschung (111 Absätze). *Forum Qualitative Sozialforschung/Forum: Qualitative Social Research, 12*(2), Article 10. http://nbn-resolving.de/urn:nbn:de:0114-fqs1102106. Zugegriffen: 1. Feb. 2014.

Flick, U. (1995). *Psychologie des technisierten Alltags.* Opladen: Westdeutscher.

Flick, U. (2007). *Qualitative Sozialforschung. Eine Einführung.* Reinbek: Rowohlt.

Flick, U. (2011a). Triangulation. Eine Einführung. In von R. Bohnsack, U. Flick, C. Lüders, & J. Reichertz (Hrsg.), Bd. 12 Reihe Qualitative Sozialforschung, (3. aktualisierte Auflage) Wiesbaden: VS Verlag für Sozialwissenschaften.

Flick, U. (2014). *An introduction to qualitative research* (5. Aufl.). London: Sage.

Flick, U. (2011b). Das episodische Interview. In G. Oelerich & H.-G. Uwe (Hrsg.), *Empirische Forschung und Soziale Arbeit* (S. 273–280). Wiesbaden: VS Verlag für Sozialwissenschaften.

Flick, U., von Kardorff, E., & Steinke, I. (Hrsg.). (2003). *Qualitative Sozialforschung. Ein Handbuch* (2. Aufl.). Reinbek: Rowohlt.

Fontana, A., & Frey, J. H. (1998). Interviewing—The art of science. In N. K. Denzin & Y. S. Lincoln (Hrsg.), *Collecting and interpreting qualitative materials* (S. 47–78). Thousand Oaks: Sage.

Giddens, A. (1991). *Modernity and self-identity—self and society in the late modern age.* Stanford: Stanford University Press.

Glaser, B. G., & Strauss, A. L. (1993). Die Entdeckung gegenstandsbasierter Theorie: Eine Grundstrategie qualitativer Sozialforschung. In C. Hopf & E. Weingarten (Hrsg.), *Qualitative Sozialforschung* (3. Aufl.). Stuttgart: Klett-Cotta.

Glaser, B. G., & Strauss, A. L. (1998). *Grounded Theory: Strategien qualitativer Forschung.* Bern: Huber.

Gläser, J., & Laudel, G. (2004). *Experteninterviews und qualitative Inhaltsanalyse.* Wiesbaden: VS Verlag für Sozialwissenschaften.

Glinka, H.J. (1998). *Das narrative Interview – Eine Einführung für Sozialpädagogen.* Weinheim: Juventa.

Gubrium, F. F., Holstein, J. A., Marvasti, A. B., & McKinney, K. D. (2012). *The SAGE handbook of interview research. The complexity of the craft* (2. Aufl.). Thousand Oaks: Sage.

Hartmann, M. (2004). *Elitesoziologie. Eine Einführung.* Frankfurt a. M.: Campus.

Hartmann, M. (2007). *Eliten und Macht in Europa. Ein internationaler Vergleich.* Frankfurt a. M.: Campus.

Helfferich, C. (2011). *Die Qualität qualitativer Daten. Manual für die Durchführung qualitativer Interviews* (4. Aufl.). Wiesbaden: VS Verlag für Sozialwissenschaften.

Hermanns, H. (1995). Narratives Interview. In U. Flick, E. Kardorff, H. Keupp, L. v Rosenstiel, & S. Wolff (Hrsg.), *Handbuch Qualitative Sozialforschung* (S. 182–185). Weinheim: Beltz/Juventa.

Hertz, R., & Imber, J. B. (Hrsg.). (1995). *Studying elites using qualitative methods.* Thousand Oaks: Sage.

Hirschauer, S. (1996). Die soziale Fortpflanzung der Zweigeschlechtlichkeit. *Kölner Zeitschrift für Soziologie und Sozialpsychologie, 46,* 668–692.

Hirschauer, S. (2001). Das Vergessen des Geschlechts. Zur Praxeologie einer Kategorie sozialer Ordnung. *Kölner Zeitschrift für Soziologie und Sozialpsychologie, Sonderheft, 41,* 208–235.

Hitzler, R. (1991). Dummheit als Methode. Eine dramaturgische Textinterpretation. In D. Garz & K. Kraimer (Hrsg.), *Qualitativ-empirische Sozialforschung. Konzepte, Methoden, Analysen* (S. 295–318). Opladen: Westdeutscher.

Hitzler, R. (1994). Wissen und Wesen des Experten. Ein Annäherungsversuch – zur Einleitung. In R. Hitzler, A. Honer, & C. Maeder (Hrsg.), *Expertenwissen. Die institutionalisierte Kompetenz zur Konstruktion von Wirklichkeit* (S. 13–30). Opladen: Westdeutscher.

Hitzler, R., Honer, A., & Maeder, C. (Hrsg.). (1994). *Expertenwissen – Die institutionalisierte Kompetenz zur Konstruktion von Wirklichkeit.* Opladen: Westdeutscher.

Hopf, C. (1978). Die Pseudo-Exploration – Überlegungen zur Technik qualitativer Interviews in der Sozialforschung. *Zeitschrift für Soziologie, 7,* 97–115.

Hornbostel, S. (2004). Denn viele sind berufen, aber wenige sind auserwählt. In R. Hitzler, S. Hornbostel, & C. Mohr (Hrsg.), *Elitenmacht* (S. 9–21). Wiesbaden: VS Verlag für Sozialwissenschaften.

Imbusch, P. (2003). Konjunkturen, Probleme und Desiderata sozialwissenschaftlicher Eliteforschung. In S. Hradil & P. Imbusch (Hrsg.), *Oberschichten – Eliten – Herrschende Klassen* (S. 11–34). Opladen: Leske + Budrich.

Inhetveen, K. (2012). Translation challenges: Qualitative interviewing in a multi-lingual field. *Qualitative Sociology Review, 8*(2), 28–45. www.qualitativesociologyreview.org. Zugegriffen: 17. Feb. 2014.

Kassner, K., & Wassermann, P. (2005). Nicht überall, wo Methode draufsteht, ist auch Methode drin. Zur Problematik der Fundierung von ExpertInneninterviews. In A. Bogner, B. Littig & W. Menz (Hrsg.), *Das Experteninterview – Theorie, Methode, Anwendung* (2. Aufl., S. 95–112). Wiesbaden: VS Verlag für Sozialwissenschaften.

Kaufmann, J.-C. (1999). *Das verstehende Interview – Theorie und Praxis.* Konstanz: UVK.

Kelle, U. (2001). Sociological Explanations between micro and macro and the integration of qualitative and quantitative methods (43 paragraphs). *Forum Qualitative Sozialforschung = Forum: Qualitative Social Research, 2*(1). http://www.qualitative-research.net/fqs-texte/1-01/1-01kelle-e.htm. Zugegriffen: 15. Jan. 2013.

Kelle, Du., & Kluge, S. (1999). *Vom Einzelfall zum Typus: Fallvergleich und Fallkontrastierung in der qualitativen Sozialforschung.* Opladen: Leske + Budrich.

Kern, B., Kern, H., & Schumann, M. (1988). Industriesoziologie als Katharsis. *Soziale Welt, 39,* 86–96.

Koch, C., & Senghaas, D. (Hrsg.). (1970). *Texte zur Technokratiediskussion.* Frankfurt a. M.: Europäische Verlagsanstalt.

Kruse, J., Bethmann, S., Niermann, D., & Schmieder C. (2012a). In und mit fremden Sprachen forschen. Eine empirische Bestandsaufnahme zu Erfahrungs- und Handlungswissen von Forschenden. In J. Kruse, S. Bethmann, D. Niermann, & C. Schmieder (Hrsg.), *Qualitative Interviewforschung in und mit fremden Sprachen. Eine Einführung in Theorie und Praxis* (S. 27–68). Weinheim: Beltz/Juventa.

Kruse, J., Bethmann, S., Niermann, D., & Schmieder, C. (Hrsg.). (2012b). *Qualitative Interviewforschung in und mit fremden Sprachen. Eine Einführung in Theorie und Praxis.* Weinheim: Beltz/Juventa.

Kuckartz, U. (2010). *Einführung in die computergestützte Analyse qualitativer Daten* (3. Aufl.). Wiesbaden: VS Verlag für Sozialwissenschaften.

Kuckartz, U. (2014). *Qualitative Inhaltsanalyse. Methoden, Praxis, Computerunterstützung* (2. Aufl.). Weinheim: Beltz/Juventa.

Lamnek, S. (2005). *Qualitative Sozialforschung: Lehrbuch* (4. Aufl.). Weinheim: Beltz/Juventa.

Legard, R., Keegan, J., & Ward, K. (2003). In-depth Interviews. In J. Ritchie & J. Lewis (Hrsg.), *Qualitative research practice. A guide for social science students and researchers* (S. 138–169). London: Sage.

Liebold, R., & Trinczek, R. (2002). Experteninterview. In S. Kühl & P. Strodtholz (Hrsg.), *Methoden der Organisationsforschung. Ein Handbuch* (S. 33–71). Reinbek: Rowohlt.

Littig, B. (2009a). Interviews mit Eliten – Interviews mit ExpertInnen: Gibt es Unterschiede? In A. Bogner, B. Littig, & W. Menz (Hrsg.), *Experteninterviews – Theorien, Methoden, Anwendungsfelder* (3. grundlegend überarbeitete Auflage, S. 117–133). Wiesbaden: VS Verlag für Sozialwissenschaften.

Littig, B. (2009b). Interviews mit Experten und Expertinnen. Überlegungen aus geschlechtertheoretischer Sicht. In A. Bogner, B. Littig, & W. Menz (Hrsg.), *Experteninterviews – Theorien, Methoden, Anwendungsfelder* (3. grundlegend überarbeitete Auflage, S. 181–197). Wiesbaden: VS Verlag für Sozialwissenschaften.

Littig, B., & Pöchhacker, F. (2014). Socio-translational collaboration in qualitative inquiry: The case of expert interviews. In Qualitative Inquiry (im Erschienen).

Lucius-Hoene, G., & Deppermann, A. (2002). *Rekonstruktion narrativer Identität. Ein Arbeitsbuch zur Analyse narrativer Interviews.* Opladen: Leske + Budrich.

Lüders, C. (2003). Gütekriterien. In R. Bohnsack, W. Marotzki, & M. Meuser (Hrsg.), *Hauptbegriffe Qualitativer Sozialforschung* (S. 80–82). Opladen: Leske + Budrich.

Mayring, P. (2000). *Qualitative Inhaltsanalyse. Grundlagen und Techniken* (7. Aufl.). Weinheim: Deutscher Studien Verlag.

Medjedović, I., & Witzel, A. (2010). *Wiederverwendung qualitativer Daten. Archivierung und Sekundärnutzung qualitativer Interviewtranskripte.* Wiesbaden: VS Verlag für Sozialwissenschaften.

Menz, W. (2009). *Die Legitimität des Marktregimes. Leistungs- und Gerechtigkeitsorientierungen in neuen Formen betrieblicher Leistungspolitik.* Wiesbaden: VS Verlag für Sozialwissenschaften.

Merton, R. K., Fiske, M., & Kendall, P. L. (1990). *The focused interview. A manual of problems and procedures* (2. Aufl.). New York: The Free Press.

Meuser, M. (1989). *Gleichstellung auf dem Prüfstand – Frauenförderung in der Verwaltungspraxis.* Pfaffenweiler: Centaurus-Verl.-Ges.

Meuser, M., & Nagel, U. (1994). Expertenwissen und Experteninterview. In R. Hitzler, A. Honer, & C. Maeder (Hrsg.), *Expertenwissen – Die institutionalisierte Kompetenz zur Konstruktion von Wirklichkeit* (S.180–192). Opladen: Westdeutscher.

Meuser, M., & Nagel, U. (1997). Das ExpertInneninterview – Wissenssoziologische Voraussetzungen und methodische Durchführung. In B. Friebertshäuser & A. Prengel (Hrsg.), *Handbuch Qualitative Forschungsmethoden in der Erziehungswissenschaft* (S. 481–491). Weinheim: Juventa.

Meuser, M., & Nagel, U. (2005). ExpertInneninterviews – vielfach erprobt, wenig bedacht. Ein Beitrag zur qualitativen Methodendiskussion. In A. Bogner, B. Littig, & W. Menz (Hrsg.), *Das Experteninterview – Theorie, Methoden, Anwendung* (2. Aufl., S. 71–93). Opladen: Leske + Budrich.

Meuser, M., & Nagel, U. (2009). Experteninterview und der Wandel der Wissensproduktion. In A. Bogner, B. Littig, & W. Menz (Hrsg.), *Experteninterviews. Theorien, Methoden, Anwendungsfelder* (3., grundlegend überarbeitete Auflage, S. 35–61). Wiesbaden: VS Verlag für Sozialwissenschaften.

Mieg, H. A., & Näf, M. (2006). *Experteninterviews in den Umwelt- und Planungswissenschaften. Eine Einführung und Anleitung.* Lengerich: Papst.

Mey, G., & Mruck, K. (Hrsg.). (2011). *Grounded Theory Reader* (2. aktualisierte und erweiterte Auflage). Wiesbaden: VS Verlag für Sozialwissenschaften.

Mills, C. W. (1956/1962). *Die amerikanische Elite. Gesellschaft und Macht in den Vereinigten Staaten.* Hamburg: Holsten-Verlag. (*The Power Elite*, New York 1956).

Morse, J. M. (2003). Principles of mixed methods and multi-method research design. In A. Tashakkori & C. Teddlie (Hrsg.), *Handbook of mixed methods in social and behavioural research* (S. 189–207). Thousand Oaks: Sage.

Nowotny, H., Scott, P., & Gibbons, M. (2001). *Re-thinking science—knowledge and the public in an age of uncertainty.* Cambridge: Polity Press.

Padfield, M., & Procter, I. (1996). The effect of interviewer's gender on the interviewing process: A comparative enquiry. *Sociology, 30,* 355–366.

Pfadenhauer, M. (2003). *Professionalität – eine wissenssoziologische Rekonstruktion institutionalisierter Kompetenzdarstellungskompetenz.* Opladen: Leske + Budrich.

Pfadenhauer, M. (2009). Auf gleicher Augenhöhe – Das Experteninterview – ein Gespräch zwischen Experte und Quasi-Experte. In A. Bogner, B. Littig, & W. Menz (Hrsg.), *Experteninterviews – Theorien, Methoden, Anwendungsfelder* (3. grundlegend überarbeitete Auflage, S. 99–116). Wiesbaden: VS Verlag für Sozialwissenschaften.

Pöchhacker, F. (2010). The role of research in interpreter education. *Translation & Interpreting, 2*(1), 1–10. http://www.trans-int.org/index.php/transint/article/viewFile/80/62. Zugegriffen: 15. Jan. 2013.

Przyborski, A., & Wohlrab-Sahr, M. (2008). *Qualitative Sozialforschung. Ein Arbeitsbuch.* München: Oldenbourg.

Resch, K., & Enzenhofer, E. (2012). Muttersprachliche Interviewführung an der Schnittstelle zwischen Sozialwissenschaft und Translationswissenschaft. In J. Kruse, S. Bethmann, D. Niermann, & C. Schmieder (Hrsg.), *Qualitative Interviewforschung in und mit fremden Sprachen. Eine Einführung in Theorie und Praxis* (S. 80–100). Weinheim: Beltz/Juventa.

Rutgers, M. R. (2004). Comparative public administration: Navigating Scylla and Charybdis – global comparison as a translation problem. *Administrative Theory & Praxis, 26*(2), 150–168.

Schröer, N. (2009). Hermeneutic sociology of knowledge for intercultural understanding (37 paragraphs). *Forum Qualitative Sozialforschung/Forum: Qualitative Social Research, 10*(1), Art. 40. http://nbn-resolving.de/urn:nbn:de:0114-fqs0901408. Zugegriffen: 15. Jan. 2013.

Schütz, A. (1972). Der gut informierte Bürger – Ein Versuch über die soziale Verteilung des Wissens. In A. Schütz (Hrsg.), *Gesammelte Aufsätze* (2. Aufl., S. 85–101). Den Haag: Nijhoff.

Schütze, F. (1977). *Die Technik des narrativen Interviews in Interaktionsfeldstudien – dargestellt an einem Projekt zur Erforschung kommunaler Machtstrukturen.* Fakultät für Soziologie an der Universität Bielefeld.

Schütze, F. (1981). Prozessstrukturen des Lebenslaufs. In J. Matthes, A. Pfeifenberger, & M. Stosberg (Hrsg.), *Biographie in handlungswissenschaftlicher Perspektive. Kolloquium am Sozialwissenschaftlichen Forschungszentrum Erlangen-Nürnberg* (S. 67–157). Nürnberg: Verlag der Nürnberger Forschungsvereinigung e. V.

Schütze, F. (1983). Biographieforschung und narratives Interview. *Neue Praxis, 3,* 283–293.

Schütze, F. (1992). Sozialarbeit als „bescheidene" Profession. In B. Dewe, W. Ferchhoff, & F.-O. Radtke (Hrsg.), *Erziehen als Profession. Zur Logik professionellen Handelns in pädagogischen Feldern* (S. 132–170). Opladen: Leske + Budrich.

Soeffner, H.-G. (1989). *Anmerkungen zu gemeinsamen Standards standardisierter und nicht-standardisierter Verfahren der Sozialforschung*. In H.-G. Soeffner (Hrsg.), Auslegung des Alltags – der Alltag der Auslegung: Zur wissenssoziologischen Konzeption einer sozialwissenschaftlichen Hermeneutik (S. 51–65). Frankfurt a. M.: Suhrkamp.

Sprondel, W. M. (1979). „Experte" und „Laie" – Zur Entwicklung von Typenbegriffen in der Wissenssoziologie. In W. M. Sprondel, & R. Grathoff (Hrsg.), *Alfred Schütz und die Idee des Alltags in den Sozialwissenschaften* (S. 140–154). Stuttgart: Enke.

Stehr, N., & Grundmann, R. (2010). *Expertenwissen. Die Kultur und die Macht von Experten, Beratern und Ratgebern*. Weilerswist: Velbrück Wissenschaft.

Steinke, I. (1999). *Kriterien qualitativer Forschung. Ansätze zur Bewertung qualitativ-empirischer Sozialforschung*. Weinheim: Beltz/Juventa.

Strauss, A. (1998). *Grundlagen qualitativer Sozialforschung – Datenanalyse und Theoriebildung in der empirischen soziologischen Forschung* (2. Aufl.). München: Fink.

Strauss, A., & Corbin, J. (1996). *Grounded Theory – Grundlagen qualitativer Sozialforschung*. Weinheim: Beltz/Juventa(PVU).

Strübing, J. (2011). Zwei Varianten von Grounded Theory? Zu den methodologischen und methodischen Differenzen zwischen Barney Glaser und Anselm Strauss. In G. Mey & K. Mruck (Hrsg.), *Grounded Theory Reader* (2. aktualisierte und erweiterte Auflage, S. 261–277). Wiesbaden: VS Verlag für Sozialwissenschaften.

Trinczek, R. (2009). Wie befrage ich Manager? Methodische und methodologische Aspekte des Experteninterviews als qualitative Methode empirischer Sozialforschung. In A. Bogner, B. Littig, & W. Menz (Hrsg.), *Experteninterviews. Theorien, Methoden, Anwendungsfelder* (3. Aufl., S. 225–238). Wiesbaden: VS Verlag für Sozialwissenschaften.

Ullrich, C. (1999). Deutungsmusteranalyse und diskursives Interview. *Zeitschrift für Soziologie, 28*(6), 429–447.

Vogel, B. (1995). „Wenn der Eisberg zu schmelzen beginnt…" Einige Reflexionen über den Stellenwert und die Probleme des Experteninterviews in der Praxis der empirischen Sozialforschung. In C. Brinkmann, A. Deeke, & B. Völkel (Hrsg.), *Experteninterviews in der Arbeitsmarktforschung. Diskussionsbeiträge zu methodischen Fragen und praktischen Erfahrungen* (S. 73–83). Nürnberg: Institut für Arbeitsmarkt- und Berufsforschung der Bundesanstalt für Arbeit.

Weingart, P. (2003). *Wissenschaftssoziologie*. Bielefeld: transcript.

West, C., & Zimmerman, D. (1997). Doing gender. *Gender and Society, 1*, 125–151.

Witzel, A. (1985). Das problemzentrierte Interview. In G. Jüttemann (Hrsg.), *Qualitative Forschung in der Psychologie – Grundlagen, Verfahrensweisen, Anwendungsfelder* (S. 227–255). Weinheim: Beltz/Juventa.

Witzel, A. (2000). Das problemzentrierte Interview. *Forum Qualitative Sozialforschung, 1*(1), http://qualitative-research.net/fqs. Zugegriffen: 17. Feb. 2014.

Witzel, A., & Reiter, H. (2012). *The problem-centred interview*. London: Sage.